미국을 까발린 영화감독

세르조 레오네

7 9 6 1
REGIA OPERATORE
S. LEONE T. DELLI COLLI 1932
C'ERA UNA VOLTA
IN AMERICA
TRAMONTO

미국을 까발린 영화감독

세르조 레오네

박홍규 지음

내가 가장 즐겨 듣는 곡은 〈황금의 황홀경〉(Ecstasy of Gold)이다. 돈에 미쳤다니! 뜻만 생각하면 몸서리가 쳐지지만, 곡만큼은 끔찍이도 좋아한다. 이 아름다운 곡에 왜 그런 제목을 붙였는지 항상 원망하면서도 항상 듣는다. 세상살이가 다 그렇지 하면서. 그 곡을 배경음악 삼아 묘지에 숨겨진 돈을 찾겠다고 미친 듯이 뛰어다니는 장면은 너무도 싫지만, 그 음악만큼은 여전히 너무도 좋다. 세르조 레오네의 영화 〈석양에 돌아오다〉의 마지막 공동묘지 결투 장면(이 장면도 나는 싫어한다)의 배경음악인 그 곡은 내가 좋아하는 메탈리카(Metallica)가 공연할 때마다 서곡으로 항상 연주하는 곡이기도 하다. 메탈리카는 그 음악을 들은 관중의 마음이 하나가 되었다고 생각되면 자신들의 곡을 연주한다. 헤비메탈 메탈리카의 연주나 가사가 있는 노래보다도 영화 속 원곡 연주, 특히 소프라노 수잔나 리가치(Susanna Rigacci, 1960~)의 가사 없는 노래를 나는 더 좋아한다.

20년 넘게 내가 사는 곳이 공동묘지 옆이어서인지 '슬픈 언덕'이라는 뜻의 새드 힐(Sad Hill)에 세워진 수천 기 묘가 있는 공동묘지의 분위기도 나는 좋아한다. 두 공동묘지는 여러 가지 점에서 다르지만 나에게는 마찬가지다. 우리 집 옆 공동묘지를 아침저녁으로 몇 차례나 지나다니지만, 가끔 만나는 뱀처럼 나 역시 항상 조용히, 뛰어다니기는커녕 숨조차 죽이면서 다닌다. 옛날 옛적부터 마을 사람들의 공동묘지인 우리 집 옆 공동묘지와 달리 새드 힐 공동묘지는 영화 촬영 때 레오네가 일부러 조성한 것으로 촬영이 끝난 뒤 50년 동안 방치되어 폐허가 되었다. 그러다가 그 부근에 사는 사람들이 50년 만인 서너 해 전에 그곳을 완전히 재현했다. 그리고 그곳에서 그 영화를 다시 보면서 한마음으로 그것을 처음 보았던 어린 시절로 되돌아갔다. 다행스럽게도 그곳은 상업화되지 않았고, 영화를 좋아하는 사람들이 성지순례 하듯 들리는 터로 보존되었다. 정말 감동적인 일이다. 처음이나 지금이나 시신이 없는 가짜 묘지이지만 레오네를 기념하기엔 안성맞춤이다.

나도 50년 전, 어린 시절로 돌아가 이 책을 쓴다. 그때 처음 본 〈황야의 무법자〉를 비롯하여 레오네의 영화는 7편에 불과하다. 너무 적은 탓인지 모두 좋아한다. 클린트 이스트우드를 비롯하여 그의 영화에 나오는 배우들도 좋아하지만 엔니오 모리코네가 만든 음악을 더 좋아한다. 내가 레오네의 영화를 좋아하는 이유는, 메탈리카를 좋아하듯이, 아나키적이기 때문이다. 레오네는 아나키스트다. 모리코네도 그렇다. 레오네의 영화는 모두 아나키적이다. 그러나 내가 좋아하는 아나키는 폭력과 무관하다. 아나키는 '지배자 없음'을 뜻한다. 왕이나 주인이 없음을 뜻한다. 지배자가 없으면 무질서하고 폭력이 난무한다는 생각은 잘못된 것이다. 도리어 지배자가 없으면 폭력도 없다. 폭력은 지배자의 것이기 때문이다. 피지배자는 지배자의 폭력에 대항하여 어쩔 수 없이 폭력을 행사할 뿐이다.

레오네의 영화에 세 번이나 나온 이스트우드는 아나키스트이기는커녕 미국의 골수 공화당원이지만, 우리가 아는 극우와는 달리 미국식 아나키스트인 리버테리언으로서 고독한 무명의 이단아라는 이미지를 풍긴다. 나의 아나키스트 이미지는 혼자 끝없이 말을 달리다가 밤이면 들판에 쓰러져 자고, 커피 한 잔으로 끼니를 때우며, 먼지투성이 낡은 담요를 걸친 '황야의 무명자'

'황야의 무산자' '황야의 무언자' '황야의 무숙자' '황야의 무신자' 같은 사람이다. 재산이 없는 '무산자' 출신으로 이름이 없는 '무명자'이고, 말이 거의 없는 '무언자'이며, 잠잘 곳이 없는 '무숙자'이고, 그 무엇도 받들지 않는 '무신자'이지만 '무법'의 악당 테러리스트는 아니다. 그에게는 악당들의 악법에 대항하는 양심의 법, 인간의 법, 자연의 법이 있다.

도리어 현상금이 걸린 악당을 잡는 사람이고, 자기와는 아무런 관련이 없지만 가난하고 억울한 사람들을 도와주는 착한 사람이다. 보안관도 경찰도 무엇도 아니며, 혼자 왔다가 혼자 사라지는 한 마리 늑대일 뿐이지만 사람들을 구해주었다고 해서 명예나 자리를 바라지도 않는다. 언제 어디에서나 이름도 성도 없는 한 마리 짐승이다. 아내나 자녀, 가정이나 회사, 심지어 친구도 그와는 무관하다. 어떤 집단에도 속하지 않는 그는 무엇보다도 반자본주의자이고 반집단주의자이다. 미국이 버린 최하층 룸펜 프롤레타리아 출신인 그는 최하급 노동자로 막노동도 하지 못해 총잡이로 나선다. 그러나 현상금 사냥이라는 일거리도 거의 없다.

레오네는 미국이 상징하는 자본주의를 철저히 거

부하는 아나키스트로 새로운 서부극을 만들었다. 존 웨인 식의 화려한 정통 보안관 서부극이 찬양하는 미국을 비판한 아나키스트이기에 나는 레오네가 좋다. 소위 아메리칸 드림이라는 망상을 쓰레기 취급하기에 나는 그가 좋다. 그러나 그를 아나키스트라고 부르는 사람이나 책이나 기사를 본 적이 없다. 우리나라에 소개된 유일무이한 아나키스트 영화 책인 『영화, 아나키스트의 상상력』에도 레오네는 나오지 않는다. 그 책에서 언급되는 작품들은 대부분 우리가 보지 못한 영화들이다. 인터넷을 열심히 찾아서 영어 등의 외국어로 들을 수는 있지만 대부분 재미가 없다. 반면 레오네의 영화는 무엇보다도 재미있다. 하찮은 인간들의 하찮은 이야기여서 그런가? '무법자'라고 하면 대단히 별난 인간들 같지만, 레오네 영화의 인간들은 그야말로 별 볼 일 없는 루저들이다. 그런 루저를 멋지게 그려내주니 고맙다.

레오네의 영화는 여성이 거의 등장하지 않는 것으로도 유명하지만, 간혹 등장한다 해도 캐릭터 설정이나 묘사 등이 '반여성적'이라는 비판의 소리를 곧잘 듣는다. 그러나 그가 완성하지 못하고 죽은 마지막 작품인 〈레닌그라드〉는 러브스토리였다. 〈황야의 무법자〉가

나에게 러브스토리로 기억되었듯이 말이다. 아니다. 창부 출신이 나오는 〈옛날 옛적 서부〉나 어린 시절 사모한 소녀가 나오는 〈옛날 옛적 미국〉도 러브스토리이다. 창부 출신이면 그들의 사랑은 왜 사랑이 아니란 말인가? 그 사랑이 돈으로 사고파는 것이기에 사랑이 아니라면 창부와 다른 우리의 사랑은 돈과 과연 얼마나 무관한 것인가? 레오네 영화의 여인들도 루저이기는 마찬가지다. 뜨내기 루저들의 사랑은 그리 길지도 깊지도 않다. 이런 식으로 그는 이제껏 영화를 수놓았던 많은 러브스토리를 비웃는다. 특히 할리우드 러브스토리를 매도한다. 존 웨인과 그 아름다운 여인들의 사랑에 침을 뱉는다.

이 책은 그런 '황야의 무법자'라는 캐릭터를 만든 세르조 레오네를 사랑하여 쓰는 그의 평전이자 레오네에 대한 나의 러브스토리다. 그는 1929년에 태어나 1989년에 죽었다. 60년이라는 짧은 세월, 그가 살았던 나라인 이탈리아와 세상, 특히 미국, 그가 만난 사람들, 그가 만든 영화, 무엇보다도 그의 생각 등에 관한 이야기, 특히 아나키스트라는 측면을 염두에 두고 쓴 책이다. 그러나 소위 영화 전문가라고 하는 사람들에게 도움이 될 것 같지는 않다. 유사한 국외 문헌들에서 언급되는, 레오네가 영화를 만드는 과정이나 재정적인 문제나 기술적인 문제 등에 관해서는 이 책에서 거의 언급하지 않기 때문이다. 그런 점에 흥미를 느낀다면 전문적인 외국서적들이 즐비하니 쉽게 참고할 수 있을 것이다. 반면 이 책은 그런 전문서가 아니라 일반인을 위한 레오네 안내서이다. 그래서 레오네 영화도 그 줄거리부터 소개했다.

나는 얼마 전 영국의 영화감독 켄 로치에 대한 책을 썼다. 매일 영화를 볼 만큼 영화를 좋아하지만 영화에 대한 책을 쓸 생각은 없었는데, 별안간 이렇게 두 사람의 감독에 대해 쓰게 되어 마음이 편치 않다. 변명한다면 내가 좋아하는 영화감독들에 대한 책을 읽고 싶었는데, 그런 책이 없어서 쓰게 되었다고나 할까? 영화감독에 대한 책들이 많지만 묘하게도 그 두 사람은 잘 나오지 않는다. 가령 로랑 타르가 쓴 『거장의 노트를 훔치다: 영화감독 21인의 비밀수업』에는 두 사람이 없다. 여러 사람이 쓴 『유럽영화감독』 1권에도 12명 가운데 켄 로치는 나오지만, 레오네는 나오지 않는다. 『클라시커

50 영화감독』에도 없다. 다른 책들도 마찬가지다.

그런 책밖에 없다니 한국의 영화서적 시장이 창피하다. 한국은 이미 세계 영화시장에서 중국과 일본에 이어 4위를 하는 나라다. 중국은 물론 일본과 비교해도 국토나 인구를 감안하면 미국에 이어 세계 2위라고도 할 수 있다. 그 덕분에 한국영화도 세계적으로 두각을 나타내고 있다. 더욱더 발전하기 위해서는 다른 나라의 영화와 영화인들에 대해 많이 알아야 한다. 특히 레오네의 영화를 이해하기 위해서는 영화 자체에 대한 이해는 물론 음악, 미술, 문학, 역사, 정치, 그리고 영화사 전반에 대한 지식이 필요하다. 마찬가지 필요에서 쓴 켄 로치에 대한 책과 함께 세르조 레오네에 대한 책을 만들어준 틈새의시간에 감사한다.

2021년 11월
박홍규

차례

저자 일러두기

(1) 영화 제목

레오네가 만든 7편의 영화 제목은 한국에서 여러 가지로 번역되는데, 이 책에서는 다음과 같은 번역명을 사용하기로 한다. 가장 적절한 번역명이 아니라, 가장 흔하게 사용된다는 점에서 선택한 것들이다. 〈옛날 옛적 서부〉와 〈옛날 옛적 미국〉은 〈옛날 옛적 서부에서〉와 〈옛날 옛적 미국에서〉를 줄인 것인데 줄여도 뜻은 같다. 이 둘과 짝을 이루는 〈석양의 갱들〉은 〈옛날 옛적 혁명〉이라고 함이 적절하지만, 〈석양의 갱들〉이 이미 제목으로 굳어져 있으므로 그대로 사용하기로 한다.

〈로도스의 거상〉(Il Colosso di Rodi)
〈황야의 무법자〉 - 원제는 〈돈 한 움큼〉(A Fistful of Dollars)
〈석양의 무법자〉 - 원제는 〈더 많은 돈을 위해〉(For a Few Dollars More)
〈석양에 돌아오다〉 - 원제는 〈좋은 놈, 나쁜 놈, 추한 놈〉(The Good, the Bad and the Ugly)
〈옛날 옛적 서부〉(Once Upon a Time in the West)
〈석양의 갱들〉 - 원제는 〈엎드려, 멍청아!〉(Duck, You Sucker!)
〈옛날 옛적 미국〉(Once Upon a Time in America)

(2) 인용 문헌

한 번 인용하는 서적은 본문에서 밝히고, 한 번 이상 인용하는 서적은 다음과 같은 약자로 인용한다.

Frayling – Christopher Frayling, Sergio Leone, Something to Do with Death, Faber and Faber, 2000.
Uva – Christian Uva, Sergio Leone: Cinema as Political Fable, Oxford University Press, 2020.
엘리엇 – 마크 엘리엇, 윤철희 옮김, 『클린트 이스트우드』, 민음인, 2013.

편집자 일러두기

*인명은 처음 인용될 때 원어 인명과 생몰연대를 병기했다. 인명의 경우 사전에 미들네임이 있는 것은 그대로 옮겼다.
*저작물 및 영화 타이틀은 처음 인용할 때 원제와 출간(개봉) 연도를 병기했다.
*단행본은 겹낫표(『 』), 단편·논문·문서·소설·시는 홑낫표(「 」), 신문·미술작품·영화·노래 등은 홑꺾쇠표(〈 〉), 잡지나 정기 간행물은 겹꺾쇠표(《 》)로 표기했다.

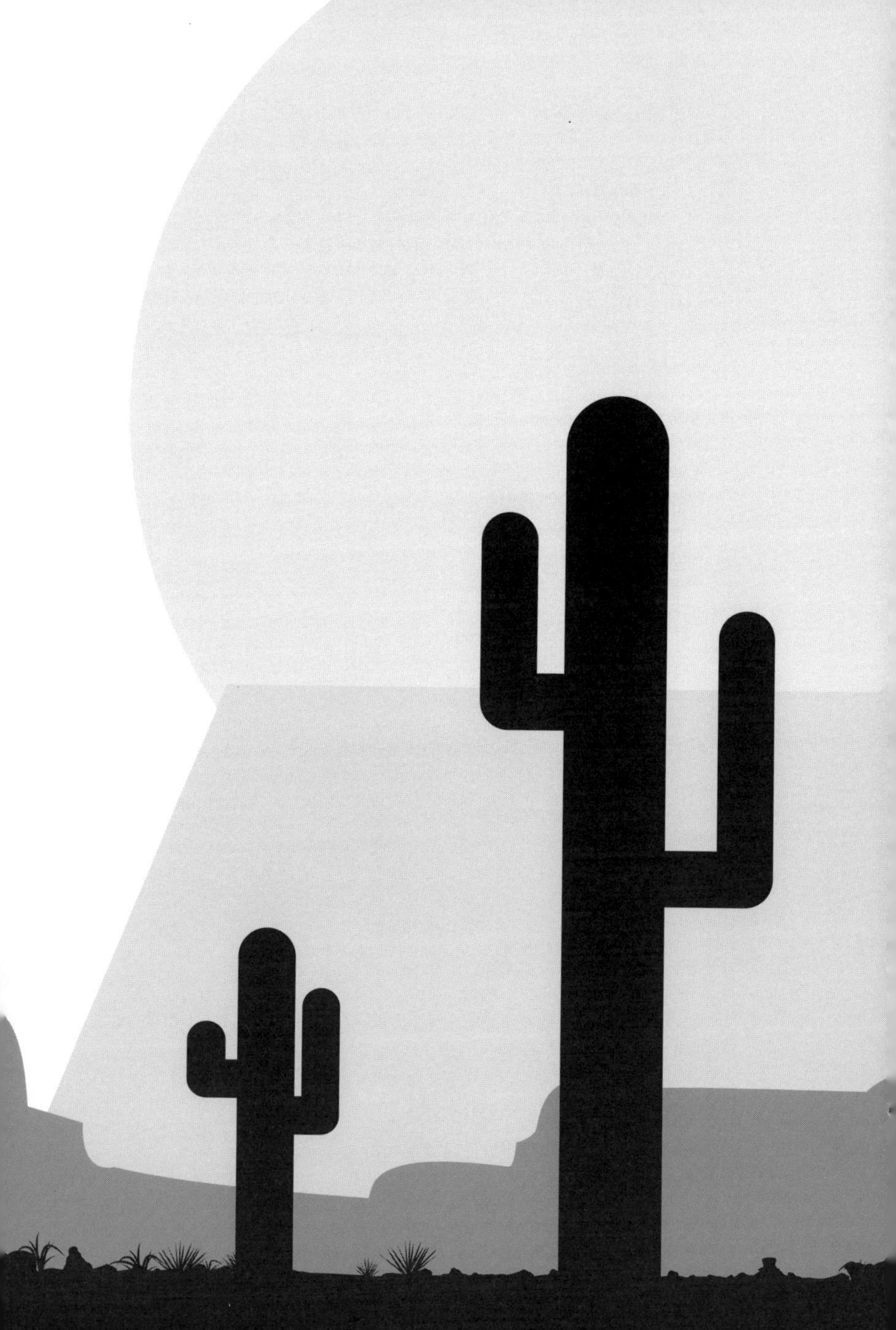

1장 인간 레오네

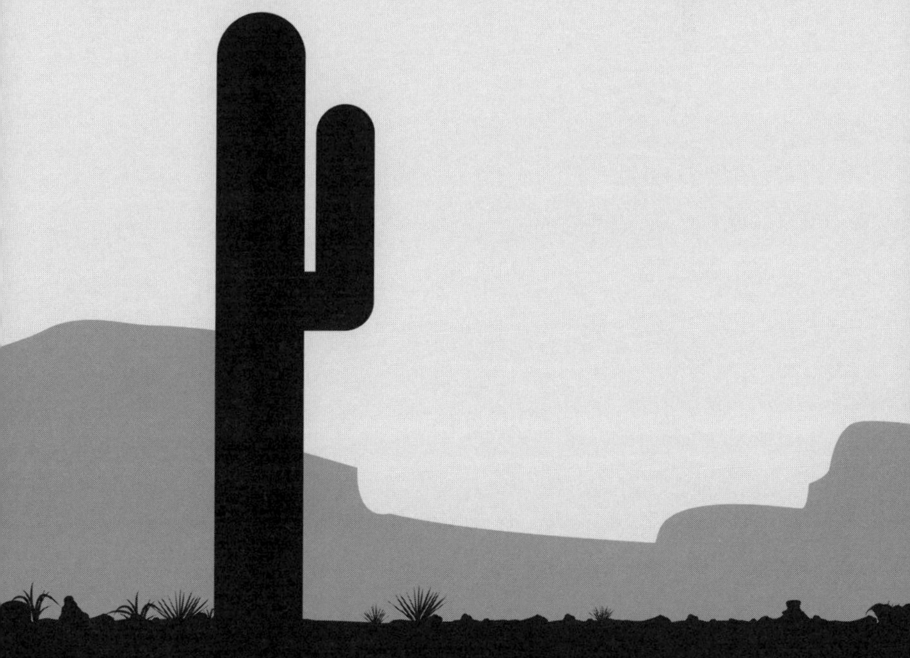

추억 〈황야의 무법자〉

1964년 세르조 레오네(Sergio Leone, 1929~1989)가 만든 〈황야의 무법자〉는 한국에서 개봉되었을 때 엄청난 인기를 끌어 동명의 소설이 출판되기도 했다. 지금도 좋은 영화의 개봉과 함께 그 원작이 소개되지만, 1960년 대에 〈벤허〉(Ben-Hur)나 〈스파르타쿠스〉(Spartacus) 같은 영화들의 원작을 읽고 영화와 함께, 아니 영화 이상으로 감동한 추억이 있다. 〈벤허〉의 전차 경주 장면에 레오네가 조감독으로 참여한 것을 한참 뒤에 알고서 감격한 적도 있다.

1967년에 나온 소설 〈황야의 무법자〉는 편역이라고 되어 있는데 원전이 무엇인지 전혀 밝히지 않았다. 표지에는 클린트 이스트우드(Clint Eastwood, 1930~) 얼굴 사진과 그 이름, 그리고 제목만 있다. 영화의 내용을 그대로 옮긴 것이어서 원저자가 원래부터 없었던 것일까?

아니면 클린트 이스트우드가 쓴 책이라고 보이고 싶었을까?

1960년대에는 거리에서 책들을 놓고 파는 노점 행상에서 이런 책들을 흔히 볼 수 있었다. 그런 대중소설만이 아니라 로맹 롤랑(Romain Rolland, 1866~1944)의 『장 크리스토프』(Jean-Christophe, 1904)같은 명작의 다이제스트 판도 살 수 있었다. 그것이 다이제스트 판인지도 모르고 오랫동안 소장하며 읽었던 슬픈 추억도 있다. 그 노점의 한쪽에 구부리고 앉아 몇 시간이나 책을 읽어도 아랑곳하지 않던 주인에 대한 고마운 추억도 있다. 지금도 시골 장날에 그런 노점 행상을 가끔 볼 수 있지만, 그런 문학작품은 더는 없고, 건강이나 사주나 야담 등과 같은 노인들을 위한 실용서 같은 책들뿐이다. 그만큼 세상은 변했다.

내가 고등학교에 들어간 무렵 노점에서 읽었던 소설 『황야의 무법자』 이후 지금까지 그 영화에 대한 단행본은 본 적이 없다. 정말 그립고 그리웠는데, 그 그리움에 지쳐 죽기 전에 꼭 쓴다는 자신과의 약속을 지키려고 쓰는 이 책은 반세기가 훨씬 지나 그 영화에 대해 처음으로 나오는 에세이라 그런지 문자 그대로 감개무량하다. 왜 그렇게 사무치도록 그리웠을까? 멋진 무법자 이스트우드 때문에? 아니다. 그를 멋있다고 생각해본 적은 한 번도 없다.

영화 〈황야의 무법자〉의 원제목은 이탈리아어로 'Per un pugno di dollari'이고 영어로는 'A Fistful of Dollars'인데 왜 한국에서는 그 직역인 '한 줌의 돈'('한뭉치의 달러'라는 번역도 있지만 뭉치보다 작은 움큼이니 줌이 맞다)이 아니고 〈황야의 무법자〉가 되었을까? '한 줌의 돈'이라는 기이한 제목이 레오네 영화의 특징, 특히 그 영화의 특징을 잘 보여주는 것인데도 왜 그렇게 옮기지 못하고 미국식 서부극처럼 제목을 붙였을까? 그야말로 한 줌의 돈 때문에 비루하게 다투는 초라한 삶의 이야기가 아닌가?

게다가 '무법자'가 주인공이고, '무법자'를 찬양하는 것처럼 제목을 붙이는 것이 60년대 군사독재 시절에 가능했다니 이상하지 않은가? 아니면 그런 폭력이 유치찬란한 군사문화와 나름대로 잘 통하기에 좋다고 생각하여 붙인 것일까? 겉으로는 질서 운운하면서 속으로는 무질서를 좋아한 탓일까? 정치군인들이 자기들 같은 총잡이가 주인공이라고 무턱대고 좋아한 것일까?

1970년대 후반에 4년 반에 걸친 오랜 군대 생활을 하면서 군인들이 무법자 영화를 좋아하는 것을 보기도 해서, 정말 그럴지도 모른다고 생각해 한때 나는 레오네의 영화를 멀리하기도 했다. 내가 군국주의에 절은 탓인지도 모른다고 생각하면서.

그런데 왜 제목이 〈황야의 무법자〉일까? 1983년, 일본에 처음 갔을 때 비디오 가게에서 〈황야의 무법자〉를 찾아보았다. 일본에서는 〈황야의 요짐보〉(荒野の用心棒)라는 제목으로 나와 있었는데, 요짐보)란 경호원이나 호위병이지 무법자는 아니다. 〈요짐보〉는 〈황야의 무법자〉 원작인 구로사와 아키라(黑澤明, 1910~1998)의 영화 제목이니 그것과 구별하려고 일본에서는 '황야의'라는 말을 앞에 붙였다. 그 제목이 뜻하는 경호원은 〈황야의 무법자〉에서 클린트 이스트우드가 연기하는 '무명자'(無名者, 이름 없는 자)의 역할이지만, 그는 무법자가 아니라, 무법자들이 파괴한 정의를 되찾아주는 '이름 없는 사람'이다. 그런데도 왜 한국에서는 그런 제목을 붙였을까?

〈황야의 무법자〉 다음 영화인 〈석양의 무법자〉도 원제목은 'Per qualche dollaro in più'로 '더 많은 돈을 위해'라는 뜻이고, 그것이 그 영화에 딱 맞는 것임에도, 그것을 일본에서는 〈석양의 건맨〉(한국에서도 그렇게 부르는 경우가 있다)이라고 했다. 한국에서는 역시 '무법자'로 갔다. 일관성이 있어서 좋다고 봐야 할까, 아니면 역시 무법자를 너무 좋아한 총잡이 문화 탓으로 돌려야 할까? 한국은 문(文), 일본은 무(武)를 숭상한다고? 옛말이다. 혹시 오늘의 일본은 경찰이나 검찰, 한국은 범죄자를 숭상하는 것이 아닐까? 한국의 위증 사건은 일본보다 이백 배가 넘고, 무고죄는 일백 배, 사기범은 다섯 배로 세계 최고 수준이고 경찰이나 검찰의 역할도 너무나도 크게 차이가 나는 무법의 세상이니 말이다. 그러나 '석양'을 좋아하는 것은 한일 공동인가? 아니면 일본에서 〈석양의 건맨〉이라는 것을 그대로 번역하기에는 뭣해서 건맨만 무법자로 바꾼 것일까? 그런데 석양이라는 것도 영화의 마지막에 리 반 클리프("Lee" Van Cleef, 1925~1989)가 사라질 때 잠깐 나타날 뿐 영화의 내용과는 무관하다. 그러니, 왜 그런 제목을 붙였는지 의아할 수밖에 없다. 석양이란 말은 레오네의 여섯 번째 영화에도 붙었다. 한국인이나 일본인에게 석양이란 그렇게도 특별하게 선호되는 것일까?

<석양의 무법자> 다음 영화인 <Il buono, il brutto, il cattivo>는 우리말로 '좋은 놈, 나쁜 놈, 추한 놈'이라는 뜻인데 이를 일본에서는 <석양의 건맨>으로, 한국에서는 <석양에 돌아오다>라고 옮겼다. 두 경우 모두 원제목과 전혀 다르다. 더구나 속편이 아니고, 특히 영화의 반위선 내지 반전이라는 주제와는 전혀 무관하다. 그 영화를 모방한 <좋은 놈, 나쁜 놈, 이상한 놈>이라는 한국영화도 마찬가지다.

이어 <옛날 옛적 서부>를 만들고 난 뒤 레오네가 만든 영화가 <엎드려, 멍청아!>다. 그 제목도 영화 내용을 단적으로 보여주는 것인데도 일본과 한국에서의 번역 제목은 <석양의 갱들>로 다시 석양 타령이어서 더는 할 말이 없다.

<황야의 무명자>

그런 제목 탓인지 레오네의 영화에 무법자만 나온다고 하는 이야기도 있다. 그러나 사실은 그렇지 않다. 만약 그가 주인공을 부각시키려고 했다면 첫 영화

는 ‘황야의 무명자’라고 했을 것이다. 레오네가 처음에 붙인 제목은 ‘위대한 스트레인저(Il Magnifico Straniero)’였다. 스트레인저(Stranger)는 알베르 카뮈(Albert Camus, 1913~1960)의 『이방인』(L'Étranger, 1942)을 영어로 번역한 제목이기도 하다. 그러나 카뮈의 이방인과 레오네의 이방인은 전혀 다르다. 전자는 태양 때문에 멀쩡한 식민지인을 죽이는 백인이지만, 후자는 죽기 직전의 식민지인을 살려주는 백인이다. 아니 레오네가 만든 황야의 이방인은 멕시코인일 수도 있고 인디언일 수도 있고 한국인일 수도 있다. 여하튼 주류 미국인은 아니다. 레오네는 이탈리아인이다. 미국에 살지도 않았다. 영화로 돈을 번 뒤에, 할리우드의 유혹이 있었지만 그는 미국에서 살려고 하지 않았다. 영화 일로 잠깐씩 들렀을 뿐이다. 당연히 주류 미국인은 아니다. 그런 그가 만든 일곱 편의 영화 중 여섯 편은 아이러니하게도 미국의 이야기를 다룬 것이다. 일각에서 그가 미국을 제대로 알지 못하면서 미국 이야기를 찍었다고 비판하는 배경이다. 그런데, 그가 묘사한 미국은 더러운 미국이다. 깨끗한 미국이 따로 있다는 뜻이 아니다. 미국은 그 자체가 더럽다. 추하고 야비하다. 옛날 옛적부터 그러했지만 잘도 숨겨오다가 트럼프로 인해, 코로나19로 인해 그 정체가 여지없이 드러났다.

〈황야의 무법자〉를 비롯해 제목들은 그 번역에 문제가 많지만, 세상은 무법자가 설치는 황야라는 것을 레오네의 영화가 보여준다는 점에서는 도리어 그럴듯하다. 무법자들이 설치는 황야가 레오네의 미국이다. 미국은 화려한 뉴욕이 보여주는 꿈의 세상도, 민주주의의 고향도 아니다. 도리어 미국은 무법천지다. 돈과 총이 지배하는 더러운 무법천지다. 미국은 또한 세계의 무법자다. 돈과 총으로 세계를 지배하는 악랄한 무법자다. 그런 무법자 미국을 무명자가 죽인다. 미국만이 아니다. 세계를 돈과 총으로 지배하는 악당들은 많다. 무명자여, 그런 악당들을 모조리 제거하라. 물론 쉽지 않다. 자칫하다가는 네가 죽을 수 있다. 영화는 그런 위험을 보여준다. 무명자는 권력자에게 폭행을 당하고 고문도 당한다. 그러나 끝내는 권력자 악당들을 처리한다. 그러고는 다시금 홀로 떠난다. 영웅 대접을 받거나 보안관 따위로 임명되지도 않으며 미녀의 사랑을 얻지도 않는다. 그가 악당을 죽이는 것은 무슨 인연 따위 때문이 아니다. 그에게는 혈연도, 지연도, 학연도 없다. 그는 우연히 그 마을에 왔다가 그곳을 지배하는 권력자 악당을 죽이고 다시 떠나간다. 그가 바란 것은 돈 몇 푼이지만 그것도 먹고살기 위한 최소한일 뿐 무슨 사업을 위한 자본 따위가 아니다.

그런 영화여서, 미국을 비판하는 영화인데도 한국에서는 그 점이 문제시되는 것 같지는 않다. 1964년이나 지금이나 한국은 여전히 미국을 '미친' 듯이 좋아하기 때문인가? 세상에서 유일하게 미국을 '아름다운 나라(美國)'라고 부르는 한국이 아닌가? 그나마 최근 트럼프 덕분에 우리의 친미가 조금 수그러들었는가? 그러나 〈황야의 무법자〉에 나오는, 마을을 지배하는 두 개의 무법자 집단처럼, 미국을 지배하는 공화당이나 민주당이나 그놈이 그놈이다. 놈놈놈이다. 죽여라. 놈놈놈. 인디언 샤이엔이든 흑인 장고이든 멕시칸 조로이든 저 백인 놈놈놈들을 죽여라! 적어도 정당방위인 한 죽여라! 기관총을 든 저 놈놈놈들을 죽여라! 어디 미국뿐이냐? 미국을 닮으려고 환장한 한국도 마찬가지. 그 밖에 다른 나라들도 마찬가지. 그런 레오네의 영화를 나는 좋아한다. 그런데 한국에서 레오네는 그렇게 여겨지지 않는 듯하다. 그래서 나는 이 책을 쓰게 되었다.

이 책은 영화를 좋아하는 사람이 70 평생 본 영화에 대한 사랑의 고백이다. 매주 영화를 한 편씩 보았다면 철든 이후 약 3천 편을 본 셈이다. 3년 전 퇴직 이후에는 하루 한 편 이상을 본다. 이렇게 보다가 죽었으면 싶다. 남들이 잘 보지 않는 예술영화(또는 작가영화)를 주로 보는데, 가끔은 대중영화도 본다. 그중 하나가 레오네 영화인데 나에게 그의 영화는 대중적인 액션물이 아니라 작가영화다.

내 마음속에는 기묘하게도 〈황야의 무법자〉가 애틋한 러브스토리로 기억된다. 주인공이 구해주는 멕시코 원주민 가족의 부인에 대한 주인공의 호감이 지금도 아련하게 남아 있는 탓일까? 그러나 더 강한 인상으로 남은 것은 가난한 원주민 농민 가족을 억압하는 악당 토호들을 무찌르는 정의의 총잡이다. 그리고 레오네가 좋아한 조르조 데 키리코(Giorgio de Chirico, 1888~1978)의 초현실주의 그림 같은 화면이나 드가(Edgar Degas, 1834~1917)의 무희를 비롯한 그림을 차용한 아름다운 화면들, 아니 그 무엇보다도 평생 매일 들어도 물리지 않는 엔니오 모리코네(Ennio Morricone, 1928~2020)의 음악! 그가 지난여름에 타계했을 때 정말 슬펐다.

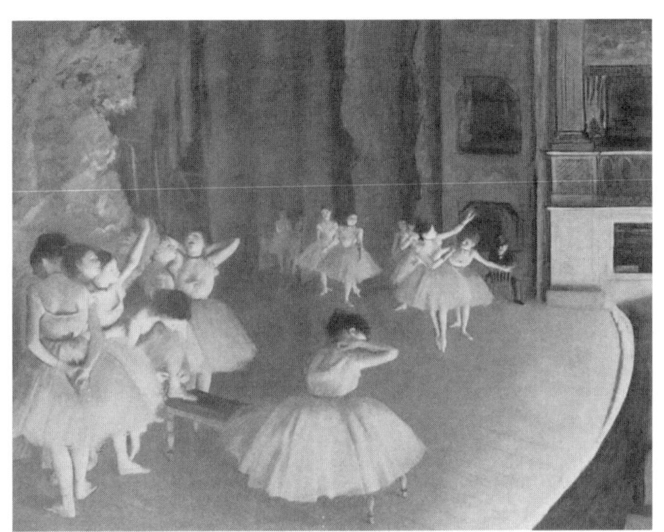

에드가 드가의 〈무희〉.
〈옛날 옛적 미국〉 여주인공의 발레 장면에서 차용되었다.

영화인간 레오네

레오네는 그 모습이 매력적이지는 않다. 작은 키에 뚱뚱한 배불뚝이고, 안경을 걸치고 독한 시가를 피우는 모습이 그다지 호감형은 아니다. 하지만 나름대로 개성 있어서 젊을 때는 영화배우로도 활약했다. 전형적인 이탈리아 꽃미남이 아니어서 영화 출연은 고작 다섯 차례, 그것도 단역에 그쳤지만 말이다. 이를테면 비토리오 데 시카(Vittorio De Sica, 1901~1974)가 감독한 〈자전거 도둑〉(Ladri di biciclette, 1948)에 잠깐 등장한 신학생 역을 비롯하여 소년, 군인, 호텔 보이처럼. 그는 전형적인 이탈리아 남자답게 열정적이었지만 평생 조강지처와 살았고 어떤 스캔들도 뿌린 적이 없다. 40세 이후에는 나름으로 대가연하는 동시에 영화 찍기에 환멸을 느꼈고, 그가 좋아한 마르크스(Karl Marx, 1818~1883)나 톨스토이(Lev Nikolayevich Tolstoy, 1828~1910) 또는 바쿠닌(Mikhail Bakunin, 1814~1876)이나 크로포트킨(Peter Kropotkin, 1842~1921)처럼 얼굴 전체를 덮는 수염을 기르기 시작해 죽을 때까지 그 모습을 고수했다.

레오네는 〈석양에 돌아오다〉에 나오는 '좋은 놈, 나쁜 놈, 그리고 추한 놈'이라는 세 가지 인간상의 구별은 자신의 경험에서 나왔다고 하면서 다음과 같이 말했다.

내가 자란 세계에서 가장 성실한 사람은 아나키스트들이었다. 나의 이상은 그들에게 가까워서 아나키스트들에 대해 잘 알고 있었다. …나 자신은 그 세 가지를 함께 갖고 있다. 나쁜 놈에게는 인간의 정신이 없다. 그는 철두철미 로봇 같은 프로페셔널이다. 다른 둘은 그렇지 않다. 내 성격의 철저하고 주의 깊은 면은 '좋은 놈'과 비슷하다. 그러나 내가 가장 공감하는 것은 '추한 놈'이다. 부드럽고 상처 입기 쉬운 인간성의 소유자이다. 그러나 본능에 사는 타고난 무법자이기도 하다(Frayling 217, 재인용).

레오네에게 '영화인'이라는 표현을 붙이자니 뭔가 부족한 느낌이 들어서 나는 그를 '영화인간'이라고 부르고자 한다. 그는 태어나 죽을 때까지 오로지 영화만 알았던 영화인간이었다. 레오네가 영화를 보다가 죽은 것은 사실이지만, 항간의 소문처럼 그의 어머니가 영화를 보다가 그를 낳았는지는 알 수 없다. 실제로 그는 60세가 된 1989년 4월 30일, 침대에서 아내와 함께 텔레비전에서 방영 중이었던 로버트 와이즈(Robert Wise, 1914~2005) 감독의 〈나는 살고 싶다〉(I Want To Live!, 1958)를 보다가 갑자기 사망했다. 어쩌면 60년 전인 1929년 1월 3일, 그가 태어났을 때도 영화감독인 아버지와 영화배우인 어머니는 영화를 보고 있었을지도 모른다.

레오네는 자신이 9살 전후로 영화를 처음 보았다고 말한다. 그러면서 12살 때 아버지가 영화 촬영하는 곳을 처음으로 가보았는데, 아무래도 그때 그 경험이 영화와 인연을 맺게 해준 계기가 아니었나 생각한다고 한다. 게다가 그의 집안은 영화가 지배하는 곳이었으니 자연스레 주워들은 것도 많았을 터다. 덕분에 그는 19세에 최초의 시나리오를 썼고, 최초로 영화배우로 출연했다. 그 영화가 바로 지금도 명작으로 손꼽히는 〈자전거 도둑〉이다. 당시 레오네는 역시 안경을 쓰고 있었지만 갸름한 미남형 얼굴에 체구도 늘씬했다. 클린트 이스트우드를 닮았다고 할까? 어쩌면 젊은 날의 아름다웠던 자신을 이스트우드를 통해 영화로 재현한 것이 초기의 '무명인 시리즈' 세 작품일지도 모른다. 아니, 그가 영화로 재현하고자 한 자신의 모습은 더 어린 시절의 자신이었을 수도 있다.

그는 〈황야의 무법자〉를 비롯한 초기의 '무명인' 또는 '달러' 시리즈 세 작품을 찍으면서 클린트 이스트우드에게 어릴 적에 친구들과 장난을 치면서 총을 어떻게 쏘았는지를 묻곤 했다. 사실 레오네의 서부영화에 나오는 사격장면은 유치하다고 할 정도로 리얼리즘이 떨어진다. 주인공이 여러 명의 악당을 한꺼번에 죽이는 장면은 서부극에 흔하지만 레오네의 영화에서는 그 정도가

심한 탓이다. 정작 레오네 영화의 동심은 그런 표현의 유치함보다는 정의에 대한 이상으로 나타난다. 이때 정의란 사회정의, 사회주의적 정의다. 즉 자본주의에 반대하는 것이다.

흔히 레오네는 그의 '무명인' 3부작에 나온 클린트 이스트우드와 그의 영화 6편의 음악을 담당한 엔니오 모리코네와 함께 3총사인 양 소개되지만, 이스트우드는 레오네나 모리코네 두 사람과 그 결이 매우 다르다. 무엇보다도 우파와 좌파라는 차이가 있다. 이스트우드는 미국 공화당원으로 우파이다. 물론 이라크 전쟁을 반대하고, 트럼프를 지지했다가 그의 집권 마지막에는 맹렬히 비판할 정도로 최소한의 양식을 가졌지만 우파임에는 틀림없다. 반면 레오네와 모리코네는 좌파다.

미국의 영화배우, 특히 서부극에 자주 나오는 영화배우인 존 웨인(John Wayne, 1907~1979)은 골수 공화당원이고, 웨인과 함께 서부극에 자주 출연한 제임스 스튜어트(James Maitland Stewart, 1908~1997)도 공화당 편이었다. 생전에 "나는 백인 지상주의를 믿는다" "흑인이 노예였다는 것에 죄책감을 느끼지 않는다" 등의 발언으로 물의를 빚었던 웨인은 죽은 지 반세기가 다 되어가는

2020년, 백인지상주의자, 성적 소수자에 대한 반대자, 인디언반대자로 비판을 받았다. 뿐만 아니라 그가 만년을 보낸 캘리포니아 남부의 샌타애나에 있는 '존 웨인 공항'을 '오렌지카운티 공항'으로 바꾸고 공항 안에 있는 웨인 동상 역시 철거해야 한다는 주장이 제기되기도 했다.

게리 쿠퍼(Gary Cooper, 1901~1961)는 공화당 지지자였다가 민주당으로 바꾸었으나 대표적 반공주의자로서 매카시즘 당시 월트 디즈니(Walt Disney, 1901~1966) 등과 함께 아예 반공 단체를 손수 만들었다! 한편 헨리 폰다(Henry Fonda, 1905~1982)나 그레고리 펙(Gregory Peck, 1916~2003)은 평생 민주당원이었다.

마르크스나 바쿠닌을 자주 인용하는 사회주의자 내지 아나키스트인 레오네를 좌파라고 하듯이 미국의 민주당원을 좌파라고 할 수는 없지만, 미국 정치의 차원에서는 공화당을 우파라고 한다면 민주당을 좌파라고 할 수도 있을 것이다. 헨리 폰다가 민주당원이라는 이유에서 그를 〈황야의 무법자〉에 주연으로 기용하려 했던 것은 아니지만, 레오네가 폰다에게 호감을 품었던 것만은 분명하다. 헨리 폰다의 딸 제인 폰다(Jane Fonda,

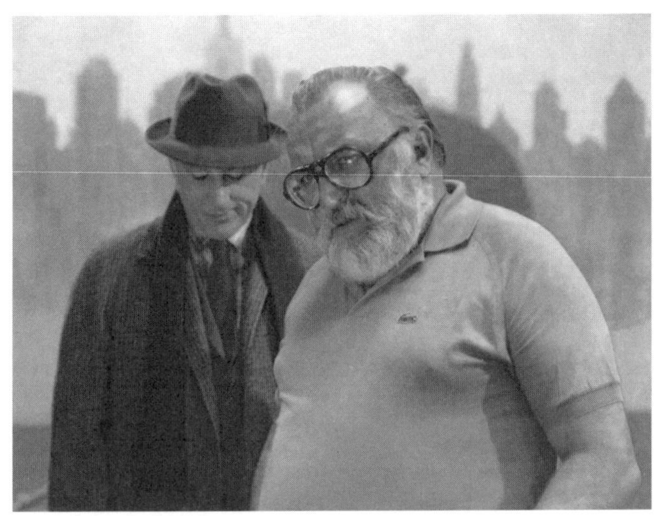

〈옛날 옛적 미국〉 촬영 중 로버트 드 니로와 함께.

1937~)는 월남전을 반대한 대표적인 좌파 배우였다. 레오네는 세 번째 작품인 〈석양에 돌아오다〉에서 헨리 폰다와 함께 작업했다.

『헨리 폰다의 인생과 사랑』이라는 책이 1989년에 번역본으로 소개되었지만, 그 뒤로는 그에 대한 어떤 책도 볼 수 없는 반면, 이스트우드에 대한 책은 세 종류나 번역되었고, 『나의 클린트 이스트우드』라는 소설까지 나온 걸 보면 새삼 그의 인기를 짐작하게 된다. 또 모리코네와의 대화를 번역한 책도 있고, 『엿장수 모리코네』

라는 시집도 있는데, 레오네에 대한 책 한 권이 없다는 것이 참 슬프다.

레오네의 책이 없는 이유로 '영화가 곧 그의 자서전'이어서가 아닐까, 하는 생각도 해보았지만, 대다수 영화감독에게 영화는 곧 자서전적인 것 아닐까? 레오네에게는 특히 그렇다. 그는 자기가 만드는 서부극은 자신을 주관적으로 표현하기 위해 필요한 공식적인 '가면'이라고 말했다. 특히 2차대전 때의 추억이 끊임없이 그의 작품 속에 나타남을 우리는 뒤에서 볼 것이다. 그의 영화는 대부분 미국을 배경으로 하지만 그 내용은 그의 조국인 이탈리아는 물론 유럽, 나아가 세계 어느 나라에서나 볼 수 있는 보편성을 갖는다.

음악인간 모리코네

모리코네는 이 책의 주인공은 아니지만 부주인공은 되니 레오네와 함께 소개한다. 두 사람은 초등학교 5학년 때 같은 반이었지만 그 뒤 모리코네가 〈황야의 무법자〉 영화를 담당하기 전에는 만나지 못했다. 그러나 두 사람의 인생은 비슷했다. 레오네의 아버지가 영화인 이듯이 모리코네의 아버지는 음악인이었다. 이탈리아 인답게 두 사람 모두 가업을 이어받은 셈이지만 아버지 들은 아들보다는 못했다. 죽을 때까지 미국에 가지 않 고 이탈리아에 살았던 점도 같다. 영어에 능숙하지 못 한 점도 같다. 2007년 아카데미 평생공로상 수상 때에 도 이탈리아어 수상 소감을 말해 이스트우드가 통역을 하기도 했다.

모리코네는 레오네보다 1년 빨리 1928년 로마에서 태어났다. 두 사람 모두 로마의 소시민 가정에서 태어 나 성장했지만, 모리코네는 열 살 때부터 아버지의 병치 레가 잦은 탓에 밤무대에서 트럼펫을 불며 돈을 벌어야 했다. 그래도 명문 산타체칠리아 음악원에서 트럼펫과 작곡을 공부해 두 개의 학사학위를 받았으니 법학교를 다니다가 중퇴하고 영화판에 뛰어든 레오네보다는 소 위 '가방끈'이 훨씬 길었다. 이어 이탈리아 국영방송국 (RAI) 경음악단에서 일했고 1961년부터 영화음악을 작 곡했다. 첫 작품에 가명을 사용한 것도 레오네와 같았 지만, 모리코네의 경우 클래식 작곡가로서 영화음악을 작곡한다는 부끄러움 때문이어서 가명 사용의 이유는

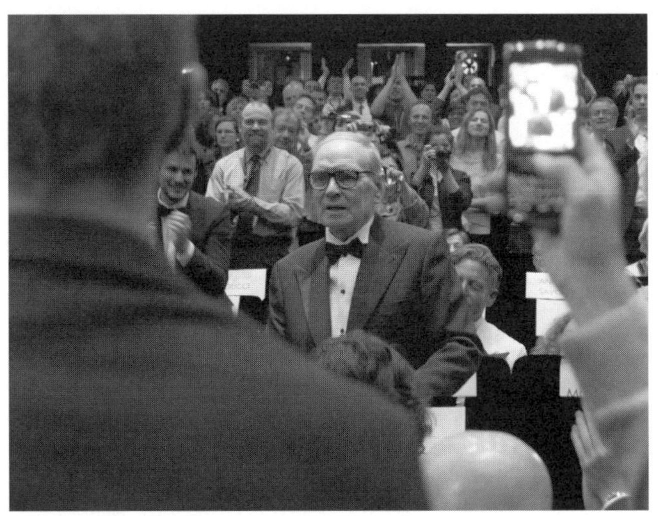

1984년 새로 만든 〈옛날 옛적 미국〉을 발표하기 위해 칸에 참석한
엔니오 모리코네.

달랐다.

　1964년 모리코네는 〈황야의 무법자〉 음악을 담당
하면서 처음으로 유명세를 탔다. 그것은 레오네가 전
혀 새로운 음악을 요구한 탓이었다. 레오네는 미국의
1930년대 대공황 시대에 노동자의 감정을 노래한 민
중가요 가수인 우디 거스리(Woodrow Wilson Guthrie,
1912~1967)의 원곡을 모리코네가 편곡해 가수 피터 테비
스(Peter Tevis, 1937~2006)가 부른 '드넓은 초원들(Pastures

of Plenty)'을 듣고 좋다고 하자 원곡의 목소리 대신 휘파람을 넣어 〈황야의 무법자〉 주제곡으로 삼았다. 레오네의 서부영화가 저예산 영화이다 보니 대규모 오케스트라 대신 하모니카, 전기기타, 주즈하프(Jew's harp), 멕시코 마리아치 음악에서 사용하는 트럼펫, 리코더, 오카리나, 휘파람, 샤우팅, 채찍 등의 소규모 앙상블로 황야의 분위기를 묘사할 수밖에 없었는데, 이 점이 도리어 특유의 음악을 낳는 데 일조했다. 모리코네가 영화음악에 하모니카와 기타를 사용한 것도 거스리에게 배운 바였다.

모리코네의 음악이 거스리의 민중음악에 기초한다는 사실은 잘 알려지지 않았다. 그가 산타체칠리아 출신이라는 등의 이유로 주로 고전음악과 연관해 논의될 뿐인데, 이는 모리코네 음악의 민중성을 제대로 이해하지 못하게 한다. 거스리는 어린 시절부터 미국 남서부에 살면서 자신이 직접 보고 겪은 가난과 차별의 현실을 노래로 만들어 불렀고, 1940년 뉴욕으로 건너간 뒤 노동자들을 위한 콘서트와 방송출연, 작곡, 레코딩 등의 음악활동을 펼치는 한편 여러 좌파 매체에 정치적 칼럼을 쓰기도 했다. 제2차 세계대전 때에는 육군과 해군에 복

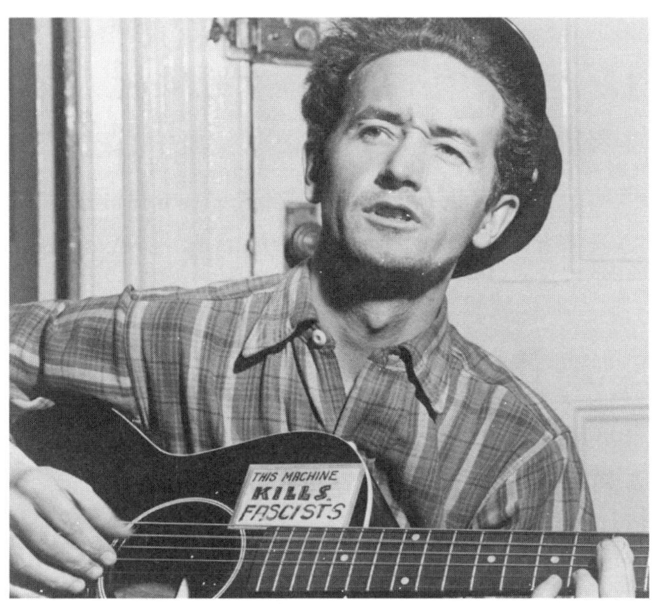
저항음악 포크음악의 창시자 우디 거스리.
그는 기타에 "This Machine Kills Fascists"라는 문구를 새기고 노래했다.

무하면서 파시즘을 반대하는 음악을 만들었다. 그러나 종전 후, 미국을 휩쓸었던 매카시즘 광풍에 시달리다가 1967년 뉴욕의 정신병원에서 죽었다. 밥 딜런(Bob Dylan, 1941~)과 조안 바에즈(Joan Chandos Baez, 1941~) 등이 그의 뒤를 이었다.

레오네가 영화 촬영 전에 미리 모리코네에게 시나리오를 설명하면 모리코네는 그에 따라 음악을 작곡했고, 이것을 촬영장에 크게 틀어놓았다. 그러면 레오네는 배우들이 음악에 맞추어 연기하도록 지도하면서 촬영을 진행했다. 그의 영화에서 영상과 음악이 완벽하게 조화를 이루게 된 배경이다. 이 같은 방법은 종래에 영화 제작과정 마지막에서 음악을 넣은 것과 근본적으로 다른 시도였고, 이로써 영화음악이 독립적으로 사랑받는 계기가 되었다. 영화음악의 혁명이라고 할 수 있을 것이다.

이러한 영화제작 태도는 이탈리아의 오페라 전통과 무관하지 않다. 물론 레오네가 어려서부터 오페라를 자주 보았다는 점도 영향을 미쳤을 것이다. 뒤에 다루겠지만 그가 20대에 조감독으로 참여해 만든 영화 중 상당수는 오페라를 영화화한 것들로 오페라에 대한 그의 이해도는 전문가 이상임을 알 수 있다. 오페라에서는 가수들의 노래나 연기도 중요하지만 절대적으로 중요한 것은 음악이다. 오페라에서는 노래는 물론 가수들의 연기도 음악에 맞추게 되어 있다.

이스트우드가 레오네 덕분에 배우로 탄생했듯이 모리코네도 레오네 덕분에 작곡가로 탄생했다. 그 뒤 레오네는 모든 작품에 모리코네의 음악을 담았다. 그래서 감독은 중요하다. 감독으로 번역되는 디렉터는 지휘자를 뜻하기도 한다. 특히 레오네가 지도자이고 창조자이며 크리에이터이다. 이는 모리코네가 레오네의 영화가 아닌 다른 영화의 음악에서 제대로 성공을 거두지 못했다는 점만 보아도 알 수 있다. 레오네 영화를 중심으로 20여 년간 작곡 훈련을 쌓은 뒤인 1986년에야 비로소 모리코네는 좌파 감독인 롤랑 조페(Roland Joffé, 1945~)의 〈미션〉(The Mission, 1986)에서 다시금 걸작을 만들었다. 그리고 그 행진은 〈시티 오브 조이〉(City of Joy, 1992) 〈언터처블〉(The Untouchables, 1987), 〈시네마천국〉(Nuovo Cinema Paradiso, 1988), 〈러브어페어〉(Love Affair, 1994) 등으로 이어진다.

서부인간 이스트우드

이스트우드를 '서부인간'이라고 호명한 이유는 영화에 살다죽은 '영화인간' 레오네나 음악에 살다죽은 '음악인간' 모리코네와 달리 이스트우드를 달리 부를 방법이 없어서다. 그가 이름(이스트우드는 동부 숲이라는 뜻이다)과 달리 서부에서 태어났고 서부에서 대학을 다녔으며 서부에 살고 있고 서부에서 죽을지도 모르니 그를 '서부인간'이라고 부르기에는 문제가 없지 않을 터다. 그러나 나에게는 레오네의 서부극과 이스트우드가 감독하고 주연한 〈용서받지 못한 자〉의 서부인간 이미지밖에 달리 그를 기억할 도리가 없다. 그가 나오거나 만든 영화 중에 내가 좋아하는 것은 그것밖에 없기 때문이다(〈더티 해리〉(Dirty Harry, 1971) 같은 영화는 딱 질색이다). 〈용서받지 못한 자〉(Unforgiven, 1992)는 레오네에게 바쳐진 영화로 레오네 초기 3부작의 연장이라고밖에 볼 수 없지만 레오네의 아나키즘적 정신은 빠져 있어서 나는 그다지 좋아하지 않는다. 여하튼 이스트우드는 레오네가 만든 배우라고 보는 게 맞다. 그 얼굴, 그 시가, 그 담요, 그의 모든 것은 레오네가 만든 것이다. 그 밖의 것, 그 밖에 그가 출연한 영화, 그의 개인 생활, 그의 우익 정치관 등은 모두 내가 싫어하는 것들이다.

그러나 이스트우드는 트럼프 같은 우익과는 다르다. 그 점만큼은 최소한이나마 긍정적으로 평가한다. 레즈비언인 엘런 디제너러스(Ellen Lee DeGeneres, 1958~)가 진행하는 〈엘런 디제너러스 쇼〉에서 그는 스스로를 리버테리언으로 정의했다. 미국식의 자본주의적 우익 아나키스트인 셈이다. 범죄가 아닌 한 개인이 어떤 일을 하든 국가는 간섭해서는 안 된다는 사상을 가지고 있으며, 그런 관점에서 동성결혼도 지지한다. 동성애자만이 아니라 히스패닉 등의 사회적 약자를 향한 관심도 높다. 그러나 자본주의에 대한 믿음을 굳건히 가지고 있다는 점에서 그는 레오네나 모리코네와는 근본적으로 다르다.

이스트우드의 입장은 찰턴 헤스턴(Charlton Heston, 1923~2008)의 입장과 유사하다. 헤스턴은 미국 개척시대의 정신, 즉 개개인의 절대적인 자유의지를 지지하는 개인주의 내지 자본주의를 믿는 리버테리언으로, 젊었을 때는 마틴 루터 킹 목사의 시위에도 참여하는 등 인종차별이나 베트남전쟁에 반대하는 인권운동에 앞장섰다. 1960년대 말부터 70년대 초엔 개인의 자유를 억압하는 국가권력을 비판한 사회비판적 SF 영화에 많이 출연해 극좌라는 비판도 들었지만 말년에 전미 총기 협회의 회장을 지내면서는 극우라는 비판도 들었다. 그러나 그가 총기 휴대의 권리를 주장했던 것은 그것이 미국 수정헌법에 명시된 '미국 국민의 기본적 권리'이기 때문이었다.

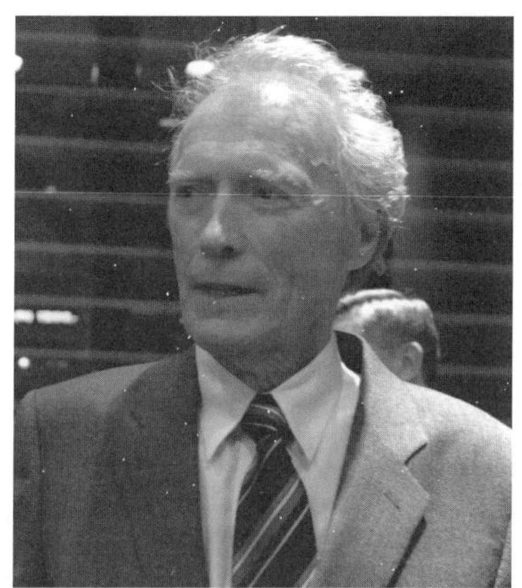

클린트 이스트우드(2011).

서부인간 이스트우드는 처음부터 끝까지 고독한 '이름 없는 자'로 이름만 없는 것이 아니라 과거도 미래도 없다. 서부극 캐릭터로서 이스트우드는 게리 쿠퍼나 제임스 스튜어트처럼 고독하지만, 그들과 달리 여자를 사귀지 않고 남자들도 믿지 않는다. 〈황야의 무법자〉는 건장한 말이 아니라 노새를 타고 마을에 나타나는 장면을 시작으로 말을 타고 사라지는 것으로 끝난다.

이스트우드에게는 〈더티 해리〉 등이 보여주는 폭력적인 캐릭터도 있지만 그것은 서부극 캐릭터와는 다르다. 그러나 서부극 이후 이스트우드에게 박힌 '외톨이' 이미지는 다른 영화의 캐릭터로 이어졌다. 이는 레오네 영화가 그렇듯이 미국의 전형적인 서부극 외톨이와는 다른 것이다. 가령 〈하이 눈〉(High Noon, 1952)의 게리 쿠퍼는 악당과 대결하기 위한 영웅 보안관으로 사랑하는 아내도 있고 결투가 끝난 뒤 아내와 함께 말을 타고 석양으로 사라진다. 반면 〈황야의 무법자〉 이스트우드에게는 아내도 없고 보안관이라는 직책도 없으며 무엇보다도 공식적인 직업상의 정의심도, 도덕적인 차원의 양심도 없다. 다만 몇 푼의 돈을 위해 움직일 뿐이다.

이런 특이한 캐릭터는 서부극만이 아니라 모든 영화에 나타나는 고독한 남성상과 비교할 때도 그 차이점이 분명하게 나타난다. 가령 〈카사블랑카〉(Casablanca, 1942)의 험프리 보가트(Humphrey DeForest Bogart, 1899~1957)는 항상 바바리코트의 깃을 세우고 우수에 찬 표정을 짓는 전형적인 고독남으로 보이지만, 그의 모든 행위는 사랑하는 잉그리드 버그먼(Ingrid Bergman, 1915~1982)을 위한 이타적인 것이다. 혼자서 악당을 무찌르는 듯 보이는 제임스 본드에게도 여인들과 친구들이 끊이지 않는다. 레오네가 조감독으로 마차 경기 장면 촬영에 참여한 윌리엄 와일러(William Wyler, 1902~1981) 감독의 〈벤허〉(Ben-Hur, 1959)의 주인공 찰턴 헤스턴이, 그 전에 찍은 세실 B. 데밀(Cecil B. DeMille, 1881~1959) 감독의 〈십계〉(The Ten Commandments, 1956)에서처럼 가족은 물론 동족, 조국, 전통으로부터 고립된 것처럼 보여도 그에게는 언제나 그가 항상 의지하는 신이 있고, 역경의 극복 과정에는 그를 도와주는 남자들은 물론 사랑하는 여인이 있다. 그러나 레오네 서부극의 이스트우드에게는 의지할 그 누구도 없다. 그야말로 완벽한 외톨이다.

레오네의 영화에는 다른 배우들도 많다. 먼저 악역을 담당한 잔 마리아 볼론테(Gian Maria Volonté, 1933~1994)는 이탈리아의 유명한 좌파 배우다. 〈완전범죄〉(원제는 '의심받는 시민에 대한 조사' Investigation of a Citizen Above Suspicion, 1970) 등에 나왔고, 1983년 〈마리오 리치의 죽음〉(La morte di Mario Ricci)으로 칸 영화제 남우주연상, 1986년 〈모로 사건〉(The Moro Affair)으로 베를린 영화제 은곰상(남자연기자상)을 수상한 명우로서 항상 나의 관심을 끌었다. 반면 역시 레오네의 서부극에 출연해 유명해진 리 반 클리프는 레오네 서부극 이후에도 여러 서부극에 나왔지만, 나는 그런 서부극들엔 흥미를 느낀

적이 없다.

왜 서부극인가?

1964년, 시골에서 처음으로 도시에 온 나를 무엇보다도 먼저 유혹한 것은 극장이었다. 내가 살던 유일한 친척집은 당시 대구의 유명한 창녀촌인 '자갈마당' 빈민가에 있었는데 놀랍게도 그곳에 극장이 서너 군데나 있었다. 빈민들에게 유일한 오락인 시네마천국이었을까. 대구에서 가장 저렴한 입장료를 받는 그곳에서 내가 처음 본 영화가 서부극이었다. 어떤 서부극을 처음 보았는지는 기억에 없지만, 개봉관이 아닌 싸구려 극장에서 이런저런 시시한 서부영화를 꽤 많이 보았다. 무슨 목적이 있어서가 아니다. 그냥 심심해서 봤다. 언제나 혼자서 봤다. 좁아터진 초가삼간 친척집에 가기 싫어서, 물동이를 지기 싫어서, 공부하기 싫어서 어두운 영화관에 처박혔다. 그곳 주민들처럼 허무에 젖은 중학생에게 유일한 피난처인 영화를 좋아했다거나 배우나 감독이 되겠다거나 하는 생각은 전혀 없었다. 서부극을 비롯해 영화에 대해 이런 책을 쓸 줄은 정말 꿈에도 몰랐다.

처음 본 서부극은 멋진 백인 보안관이 법의 수호자로서 아름다운 백인 여성을 납치한 악당 인디언들을 죽이고 미인을 구출하여 사랑하게 된다는 내용이었다. 그러나 단골 주연인 존 웨인은 처음부터 지금까지 싫었고 그가 보안관으로 나오는 서부극의 내용에 대해서도 처음부터 의문이 일었다. 원주민인 인디언을 죽이는 백인들을 미화하는 서부극에 대해서는 철들 무렵부터 당연히 의문을 갖게 되었다. 그래서 중학교 시절 친구들에게 의문을 제기하면 모두 비웃었다. 존 웨인은 오랫동안 한국인 남성에게 가장 인기 높은 마초 배우였다. 그 뒤 스탈린과 처칠 모두 서부극을 좋아했다는 이야기를 듣고 이데올로기는 달라도 마초이긴 마찬가지이니 당연하다고 생각했다.

지금도 존 웨인의 인기는 여전하다. 영화사에서도 그에 대한 평가는 높다. 가령 미국영화협회(AFI)가 2008년에 발표한 '위대한 서부영화 10선'에서 1위가 존 웨인 주연의 〈수색자〉(The Searchers, 1956), 5위가 〈붉은 강〉(Red River, 1948), 그리고 9위가 〈역마차〉(Stagecoach, 1939)다. 즉 10편 중 3편이 존 웨인이 주연으로 나온 영화인 것이다. 〈수색자〉와 〈역마차〉는 존 포드(John Ford, 1894~1973) 감독 작품이고, 〈붉은 강〉은 하워드 혹스(Howard Hawks, 1896~1977) 감독 작품이다. 10위에 들지는 않았지만 하워드 혹스가 감독하고 존 웨인이 주연으로 나온 〈리오브라보〉(Rio Bravo, 1959), 존 포드 감독에 존 웨인 주연인 〈리버티 발란스를 쏜 사나이〉(The Man Who Shot Liberty Valance, 1962)도 명작에 속한다. 그러나 나는 지독한 인디언 폄훼를 담고 있는 〈수색자〉나 〈역마차〉를 최고의 서부극이라고 볼 수 없다.

참고로 위의 10선 영화에 든 작품들을 소개하면 2위가 〈하이 눈〉, 3위가 〈셰인〉(Shane, 1953), 4위가 〈용서받지 못한 자〉, 6위가 〈와일드 번치〉(The Wild Bunch, 1969), 7위가 〈내일을 향해 쏴라〉(Butch Cassidy and the Sundance Kid, 1969), 8위가 〈맥케이브와 밀러 부인〉(McCabe & Mrs. Miller, 1971), 10위가 〈캣 벌루〉(Cat Ballou, 1965)다. 그러나 레오네의 영화는 한 편도 들어 있지 않다. 그가 미국인이 아닌 탓일까?

여하튼 1970년대에 〈솔저 블루〉(Soldier Blue, 1970), 〈말이라 불린 사나이〉(A Man Called Horse, 1970), 〈리틀빅맨〉(Little Big Man, 1970) 등의 소위 수정주의 서부극이 상

영되면서 백인이 인디언들을 마구 죽였다는 사실이 조금씩 알려졌지만, 그 작품들 역시 위의 10선은 물론 선외 걸작에도 들어가지 않는다. 우리나라에 나온 유일한 서부극 책인 안혁의 『나의 웨스턴 무비 여행』(2013)에도 그런 작품들은 나오지 않고 소위 정통 서부극만을 다루고 있어서 유감이다. 1979년에 번역되어 나온 『나를 운디드니에 묻어주오』(Bury My Heart at Wounded Knee)도 미국의 역사를 제대로 알리는 데 기여했다. 그러다가 서부극의 인기는 점점 시들해졌지만, 존 웨인 식의 영웅 서

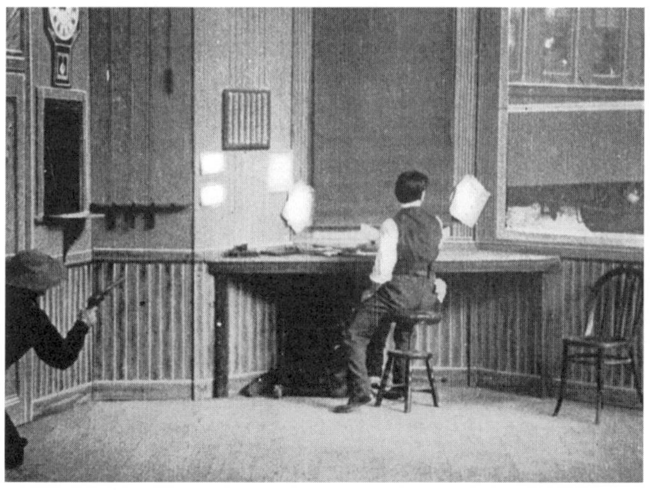

1903년 영화 〈대열차강도〉 스틸컷.
Edwin S. Porter가 에디슨을 위해 감독하고 1903년에 발표한 최초의 스토리텔링 그림인 'Great Train Robbery'다.

부극은 주인공의 모습만 바뀐 채 여전히 건재하다.

서부극은 영화의 대명사이기도 하다. 1903년에 에드윈 S. 포터(Edwin Stanton Porter, 1870~1941)가 만든 세계 최초의 극영화도 서부를 무대로 한 〈대열차강도〉(The Great Train Robbery, 1903)였고, 그 뒤로 수많은 서부극이 제작되었다. 미국 영화 전체가 서부극의 영향을 받았을 뿐 아니라 미국 영화에서 소위 예술파라 분류되는 마틴 스코세이지(Martin Scorsese, 1942~) 등도 서부극의 영향을 받았다. 내가 좋아하는 아나키즘 교육 영화 〈if…〉로 1968년 칸국제영화제 황금종려상을 받은 린지 앤더슨(Lindsay Anderson, 1923~1994)이나 장 뤽 고다르(Jean-Luc Godard, 1930~), 그리고 프랑수아 트뤼포(François Roland Truffaut, 1932~1984) 같은 누벨바그 감독들을 비롯하여 미국 외의 많은 영화인도 서부극의 영향을 받았다. 존 웨인 식의 인종차별적인 보안관 영웅이 나오는 서부영화만이 아니라, 인디언 집단학살을 비롯하여 미국 역사를 비판적으로 묘사한 서부극도 많다. 그 대표가 레오네의 작품들이다.

레오네와 포드

서부극의 명감독은 많지만, 여기서는 그 대표로 존 포드를 살펴보도록 하자. 미국 영화 자체를 대표하는 거장, 나아가 영화 역사상 가장 위대한 감독이라고도 불린다. 아카데미 시상식 역사상 최다 감독상(4회) 수상자인데 수상작 모두 비서부극이다. 1935년 〈밀고자〉(The Informer), 1940년 〈분노의 포도〉(The Grapes of Wrath), 1941년 〈나의 계곡은 푸르렀다〉(How Green Was My Valley), 1952년 〈말 없는 사나이〉(The Quiet Man)이다. 모두 다 걸작으로 나도 즐겨보지만 여기서는 서부극에 대해서만 언급하겠다.

1894년 아일랜드 이민자 부부의 아들로 태어난 포드는 1924년에 만든 서부극 〈철마〉(The Iron Horse)의 성공 이후 세계적인 감독으로 발돋움했다. 흑백 무성영화임에도 상영시간이 2시간 30분에 이르는 대작으로 대륙횡단 철도 건설을 소재로 한 이 영화에는 에이브러햄 링컨이나 버팔로 빌도 등장했다.

〈철마〉에도 샤이엔족이 주인공 아버지를 죽이는 악당으로 등장하지만 1939년에 제작된 〈역마차〉에서는 더욱 노골적으로 인디언을 악당으로 묘사하여 뒤에 존 포드는 인종주의자라는 비난을 받았다. 서부극의 대표적인 명소인 모뉴먼트 밸리가 처음 등장하는 영화이고 존 웨인의 주연 데뷔작이기도 하다.

포드가 1946년에 만든 〈황야의 결투〉(My Darling Clementine)는 실존인물인 보안관 와이어트 어프와 딕 할리데이를 주인공으로 하지만 영화에 나오는 그들은 실제 인물들과는 거리가 멀고 영화의 분위기도 낙관적이고 친체제적이다. 마찬가지로 질서정연한 군대의 모습으로 긍정적 공동체주의를 묘사한 '기병대 삼부작(〈아파치 요새〉(Fort Apache, 1948), 〈황색 리본을 한 여자〉(She Wore a Yellow Ribbon, 1949), 〈리오 그란데〉(Rio Grande, 1950))'을 만들었다.

6년 만에 만든 서부극 〈수색자〉(1956)는 긍정적이고 낙천적인 포드의 전작들과 달리 부정적이고 비관적인 분위기이지만 백인 마을을 습격한 인디언에게 복수하는 이야기로 인종차별주의적이라는 비판에서는 벗어나지 못하고, 서부개척민들이 황야를 문명의 정원으로 만들었다는 식의 친체제적인 색깔은 여전했다.

레오네와 마르크스

레오네는 자신이 서부극에 매료된 이유를 "누구의 허락도 구하지 않고 스스로 정의를 집행할 수 있는 기쁨" 때문이라고 했다. 1971년 프랑코 페르리니(Franco Ferrini)와의 인터뷰에서 그는 다음과 같이 말했다.

당연한 것이지만 역사를 쓰거나 역사를 만드는 것은 나의 일이 아니다. 그럴 생각도 없고, 그럴 권리도 없다. 따라서 나는 나 자신의 역사로부터 〈황야의 무법자〉를 만들었다. 상상의 역사이다. 그럼에도 진지하게 역사를 인식할 필요가 있었다. 이 문제에 대처하기 위해 진지하게 문서를 만들었다. 그 과정에서 지금은 더는 존재하지 않는 가치관을 탐구했다. 『잃어버린 시간을 찾아서』처럼 말이다 (Frayling 15-16, 재인용).

마르셀 프루스트(Marcel Proust, 1871~1922)의 대작 『잃어버린 시간을 찾아서』(À la recherche du temps perdu, 1906~1922)는 특히 레오네의 후기 3부작 '옛날 옛적' 시

리즈에서 자주 나오는 회상 장면들에 그 영향이 두드러지게 나타나지만 프루스트의 보수주의는 레오네와는 무관하고 레오네는 도리어 마르크스와 연결된다고 볼 수 있다. 1979년 루카 베르도네(Luca Verdone)와의 인터뷰에서는 레오네는 카를 마르크스가 쓴 『정치경제학비판요강』(Grundrisse der Kritik der politischen Ökonomie, 1939)에 쓴 다음 문장을 인용하면서 말했다.

"인간은 어린이처럼 어리석은 행동을 하지 않는 한 다시 어린이로 돌아갈 수 없다. 그러나 인간은 어린이의 자연스러운 행동을 즐길 수는 없는가? 더 높은 차원의 진실을 추구하여 노력할 수는 없을까? 완벽할 정도로 자연에 대해 충실한 모든 시대의 인간은 어린이의 성질을 지녔던 것이 아닌가? 가장 아름다운 발달을 보이는 인간사회 그 자체의 어린이 시절은 두 번 다시 돌아올 수 없는 영원한 매혹으로 계속 힘을 발휘하지 않는가?"
서부극을 찍고자 하는 영화감독은 마음 어딘가에 다른 무엇보다도 이 진리를 간직해야 한다고 나는 믿는다. 따라서 나는 실질적으로는 역사적으로 무엇인가를 증명하는 것으로서 서부를 선택하지 않았다. 도리어 이러한 어린이 시절의 자연스러운 생활방식을 나타내는 것, 상징하는 것으로서 서부를 그렸다(Frayling 17, 재인용).

마르크스가 말한 것은 본래 문화사 차원의 고대 그리스 신화나 미술품에 대한 것이었으나 레오네는 이를 개인사의 차원으로 바꾸어 말했다. 현대의 많은 문화이론가는 복잡한 현대사회를 분석하기에 고대 그리스 신화나 예술은 너무 단순하다고 생각했으나, 레오네는 마르크스의 말을 고집하면서 다음과 같이 덧붙였다.

그런 '자연스러운 행동'을 발견하고 더욱 성숙한 눈으로 다시금 고쳐 생각하게 하는 것, 관객에게 꿈을 보여주는 것이 좋은 일이라고 나는 생각한다. 나는 이렇게도 믿는다. 모든 예술의 기본적 목적이 이러한 종류의 카타르시스에 있다면, 그것을 통해서 혹은 그것을 수단으로 삼아 가장 복잡한 문제나 모순을 해결할 수 있는 실마리를 찾을 수 있지 않을까, 라고 말이다. 우화나 신화는 지금도 문제 해결을 위한 가장 적절한 방법으로 간주한다. 우화나 신화를 잃어버리면 되돌릴 수 없다. 서부극도 마찬가지다. 하나의 예를 들어보자. 가장 쉬운 예로 〈하이 눈〉을 떠올려보자. 그것은 시간과 운명에 관한 변증법이다. 더욱 특정화한다면 그것은 시간과 공포에 대한 변증법이다. 그러나 결코 그것만으로 끝나지 않는다. 매카시의 빨갱이 사냥 광풍에 파묻힌 미국의 현실에 대해 말하는 것이다. 여기 휘둘리고 싶지 않은 사람들에게 권력과 추방의 공포에 대해 이야기하는 것이기도 하다.

아나키스트 채플린

레오네는 자기에게 가장 큰 영향을 준 사람으로 채플린(Charlie Chaplin, 1889~1977)을 꼽았다. 채플린은 터무니없이 큰 낡은 구두, 작고 더러운 상의와 넓고 낡은 바지, 지팡이와 중절모의 방랑자로 상징되는 영화계 최초의 슈퍼스타 코미디언으로 기억되지만, 레오네가 좋아한 것은 〈살인광 시대〉(Monsieur Verdoux, 1947)를 만든

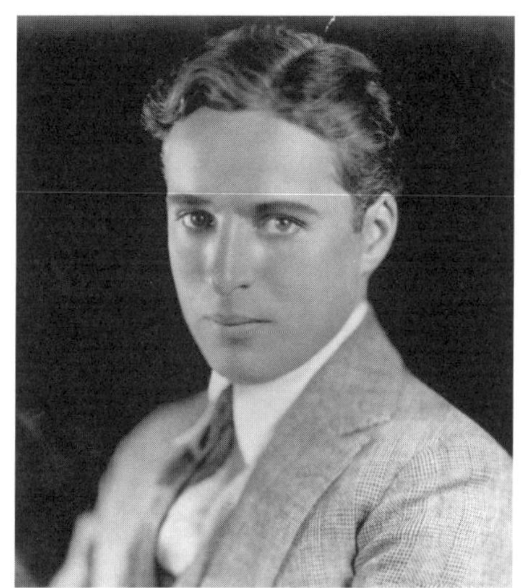

1920년대의 채플린.

58세의 채플린이었다. 사실 채플린을 좋아했던 사람들에게 그 영화는 충격이었다. 그 사랑스러운 방랑자가 살인자라니, 그것도 연쇄살인범이라니! 충격은 이만저만한 것이 아니었다.

방랑자 채플린은 신사이고 시인이며 몽상가이고 고독하며 언제나 낭만적인 모험을 꿈꾸고 사람들이 자신을 과학자나 음악가 또는 남작이나 폴로 선수로 생각해주기 바란다. 그는 담배꽁초를 주워 피거나 어린아이의 사탕을 빼앗아 먹기도 하지만 그 정도는 범죄라고 할 수 없었다. 그러나 원제가 〈무슈 베르두〉인 〈살인광 시대〉는 실존했던 프랑스의 악명 높은 연쇄살인범 앙리 데지레 랑드뤼(Henri Désiré Landru, 1869~1922)의 범행을 소재로 한다. 베르두는 가족을 먹여 살리기 위해 살인과 사기를 범하고 살인으로 번 돈으로 주식 투자를 한다. 그러나 병든 아내가 죽자 범행을 멈추고 스스로 감옥에 간다. 이처럼 이성적인 그의 행동이 연쇄살인범을 더욱 끔찍한 존재로 느끼게 한다.

여러 명의 여성을 죽인 살인범 베르두는 재판에서 "엄청난 규모로 살인을 한 루스벨트나 스탈린에 비하면 나는 시시한 아마추어에 불과하다"라고 주장한다. "한 명을 죽이면 살인자가 되지만, 백만 명을 죽이면 영웅이 되죠. 문제는 숫자입니다"라고 비아냥대면서 처형 직전 자신에게 종부성사를 하러 온 신부가 "하느님이 당신의 죄를 용서하시기를 빕니다"라고 하자 "그렇게 안 될 이유가 있겠습니까? 결국 내 영혼은 하느님이 가지게 될 텐데요"라고 비꼬았다.

가톨릭 보수 단체들이나 재향군인회 등 참전용사 단체들은 채플린이 방금 끝난 2차대전에서 희생된 연합군 장병들을 모독하고 반기독교 정서를 퍼뜨린다면서 맹렬히 비난했고, 검열 당국도 채플린이 아나키즘과 공산주의 같은 위험한 사상을 퍼뜨린다고 보아 극의 많은 부분을 삭제했다. 관객들도 영화를 외면했다. 그러나 레오네에 의하면 베르두는 모든 도적과 현상금 사냥꾼의 원형이다. 그가 모자와 부츠를 신으면 서부극의 주인공이 된다는 것이다.

찰리 채플린은 1889년 런던에서 태어나 어린 시절 대부분을 극심한 빈곤 속에서 살았다. 아홉 살이 되기 전부터 그는 노동에 투입되었다. 그의 어머니는 매독(당시 가난한 사람들 사이에서 흔한 질병이었다)과 영양실조로 인한 정신병 때문에 정신병원에 수용되었기에 채플린은 알코올 중독자로서 매우 폭력적이었던 아버지와 함께 살았다. 아버지가 38세로 사망하자 당시 14세였던 찰리는 거리에서 잠을 잤고 쓰레기통에서 음식을 뒤져 먹었다. 이어 무대 배우와 코미디언으로 일했고 19세에 미국으로 가서 영화에 출연했는데, 이후 30세가 채 되지 않은 1918년에 그는 세계에서 가장 유명한 남자 중 한 사람이 되었다.

채플린은 배우, 감독, 시나리오 작가였지만 사회문제에 항상 관심을 가졌다. 1931년과 1932년에 유럽을 여행하면서 그는 민족주의의 부상과 대공황으로 인한 빈곤 확산을 보고 깊은 불안을 느꼈다. 특히 높은 실업률과 자동화 작업에 충격을 받아 노동의 공평한 분배를 바탕으로 상호협력을 실천하는 경제적 해결책을 고민한 끝에 영화 〈모던타임스〉(Modern Times, 1936)를 만들었다. 또 파시즘을 싫어해 히틀러를 풍자한 영화 〈위대한 독재자〉(The Great Dictator, 1940)를 만들었는데 이 영화는 아카데미상에서 5개 부문의 후보로 올랐다.

1952년 매카시주의자들과 연계된 우익 단체가 채플린의 〈라임라이트〉(Limelight, 1952)를 거부하는 운동을

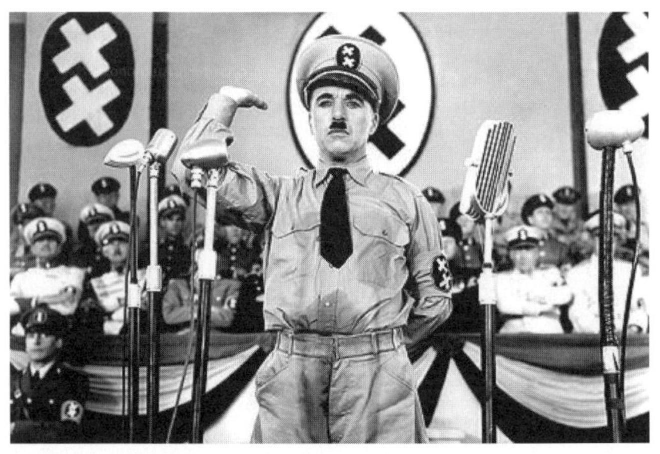

아돌프 히틀러를 풍자한 영화 〈위대한 독재자〉.

벌였고 FBI는 채플린에 대한 조사를 시작했다. 당시 런던 여행 중이던 채플린은 미국에 재입국하는 것을 금지당했고, 이후 스위스에서 살다가 1977년 크리스마스에 사망했다.

〈살인광 시대〉만이 아니라 레오네의 서부극에 영향을 미친 채플린의 작품은 많다. 가령 〈모던타임스〉의 주인공 떠돌이가 공장에서 해고되어 거리를 떠돌다가 우연히 트럭에서 떨어진 빨간 깃발을 트럭에 주려고 달리다 공산주의자로 몰리는 장면을 레오네는 〈석양의 갱들〉에서 주인공 후안이 은행 강도를 하려다가 혁명의 영웅으로 받들어지는 장면으로 패러디하는 식이다. 그러나 무엇보다도 중요한 영향은 채플린이 노골적으로 정치영화를 주장하지 않으면서도 재미와 감동을 통해 정치적 메시지를 전하는 영화제작의 방식이라고 할 수 있다.

이탈리아의 짧은 역사

고대 로마 시대부터 본다면 이탈리아의 역사는 길

다. 그러나 이탈리아라는 나라가 생긴 뒤의 역사는 짧다. 여기서는 레오네를 이해하기 위한 최소한의 역사적 상식을 짧게 소개하고자 한다. 이탈리아 공화국(Repubblica Italiana)은 남유럽의 이탈리아반도와 지중해의 두 개의 섬인 시칠리아 및 사르데냐로 이루어진 공화국이다. 고대 로마제국이 멸망한 뒤 이탈리아는 수많은 왕국(사르데냐 왕국, 양시칠리아 왕국, 밀라노 공국 등)과 도시국가들(베네치아 공화국 등)로 분열되었다가 1861년에 통일되었고, 군주제 국가로 출발했으나(이탈리아 왕국) 2차 세계대전에서 패망하면서 1946년에 공화정이 되었다.

　이탈리아에서는 20세기 초에 경제적, 문화적, 사회적인 현대화를 이룩했다. 제1차 세계대전 초기에는 독일 제국과 오스트리아-헝가리 제국과 함께 삼국 동맹을 맺었으나, 1915년에 영토를 확장시켜준다는 조건으로 연합국에 동참하였다. 그 뒤 이탈리아는 미국, 영국, 프랑스와 함께 연합국의 주요 4개국으로서 전쟁에서 승리하는 데 상당한 역할을 했다. 전후에는 국제적 위상도 높아졌으나, 65만 명에 달하는 군인과 민간인의 사망으로 왕국의 재정은 파산 위기에 이르렀고 영토 확장에도 실패하였다. 그래서 과격한 민족주의자들은 왕정을 비판했고 사회는 혼란으로 치달았다.

베르나르도 베르톨루치(Bernardo Bertolucci, 1941~2018)가 감독하고 엔니오 모리코네가 음악을 담당한 영화 〈1900〉(1976)은 세기가 시작되는 첫날 지주와 소작농의 아들로 각각 태어난 두 친구인 알프레도와 올모의 이야기를 다루고 있다. 알프레도의 아버지가 가업을 이어받으면서 지주와 소작농들 사이의 갈등은 심화되고, 알프레도와 올모도 점점 서로 대립하여 각각 파시스트와 공산주의자로 성장한다.

1917년의 러시아혁명이 성공한 뒤 민중의 저항이 커지자 지주, 군벌과 전통적인 자유주의 세력들은 로마제국의 부활을 주장하며 국가주의를 내세운 무솔리니(Benito Amilcare Andrea Mussolini, 1883~1945)의 파시스트당을 지지하기 시작하였다. 1922년 10월, 파시스트당의 검은셔츠단이 로마로 진군하여 일으킨 쿠데타에 의해 무솔리니가 독재를 시작하고, 1935년에는 에티오피아를 침입하여 이탈리아령 동아프리카를 구축했다. 이후 이탈리아는 나치 독일과 일본 제국과 동맹을 맺고, 스페인 내전에서 프란시스코 프랑코를 지지한다. 그러고는 1940년 6월 10일 제2차 세계대전에 참전하지만, 연합국

군대가 1943년 7월 시칠리아 공격을 시작으로 이탈리아 본토 침공을 이어가자 무솔리니는 실각한다. 그러나 9월 8일 연합국과의 휴전 협정 조인 직후 파시스트당의 도움을 받은 나치 독일 군대가 이탈리아 북부와 중부를 장악하는 바람에 연합국 군대와의 전쟁이 이어졌다.

1945년 4월, 독일과 히틀러의 패색이 만연해지고 무솔리니가 처형된 뒤 1945년 4월 29일에는 이탈리아 주둔 독일 군대가 항복함으로써 전쟁도 끝이 난다. 이 전쟁에서 50만 명에 달하는 이탈리아 국민이 죽고 경제는 파탄 수준에 이르렀다. 베르톨루치의 영화 〈1900〉도 1945년에서 막을 내린다. 1946년 6월 2일 국민 투표로 군주제가 폐지되고 공화국이 되었으며, 1948년 1월 1일 새 헌법이 제정되었다.

이탈리아 초기 영화와 단눈치오

뒤에서 보듯이 레오네의 아버지가 영화에 출연하기 시작한 1911년 전후로 이탈리아에서는 영화산업이 폭발적으로 발전했다. 종래 영화의 중심이었던 프랑스나

독일은 1차대전 준비로 영화제작을 중지하지 않을 수
없었고, 미국은 아직 영화에 관심도 없었을 때여서 이
탈리아 영화가 세계를 지배할 수 있었다. 1910년대에 이
탈리아에는 5백 개가 넘는 영화관이 있었고, 로마, 나
폴리, 밀라노, 토리노에는 80개가 넘는 영화제작회사가
있었으며, 영화가 개봉되면 많은 비평가가 격론을 벌였
을 정도로 사람들의 관심도 컸다.

그 단적인 보기로 1913년 이탈리아에서 만들어진
〈쿠오바디스〉(Quo Vadis)가 세계적으로 성공했다는 점
을 들 수 있다. 지금 인터넷(유튜브)으로 누구나 볼 수 있

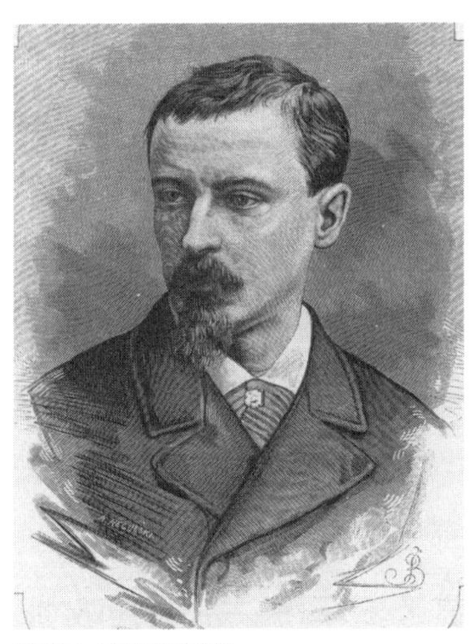

헨리크 시엔키에비치.

도록 공개된 그 걸작은 우리에게 낯익은 1951년 미국 영화 〈쿠오바디스〉의 원조로 원작 소설의 내용을 충실하게 반영해 제작한 2시간짜리 대작이다. 폴란드의 소설가 헨리크 시엔키에비치(Henryk Sienkiewicz, 1846~1916)가 쓴 원작 소설은 1895년에 발표되었고, 작가는 1905년에 노벨문학상을 수상했다. 그러나 역사소설로서는 사실성이 떨어진다는 비판을 받은 그 소설은 이미 1901년, 1902년, 1908년에 걸쳐 세 차례나 영화로 만들어졌지만, 1913년에 제작한 영화와는 비교가 될 수 없었다. 특히 로마 대화재 때 네로 황제가 궁전 발코니에서 악기를 연주하며 유유히 시를 짓고 노래하는 반면 화재에 놀란 시민들이 문을 향해 정신없이 달려갔던 장면은 그 뒤 수없이 만들어진 사극영화의 기초가 되었다. 〈쿠오바디스〉 외에도 많은 사극영화가 제작되었다. 그중 하나가 〈스파르타쿠스〉(1913)이다. 지금 유튜브에서 볼 수 있는 그 작품은 그 뒤 반복되어 제작된 동명 영화의 효시였다.

당대 이탈리아 초기 영화는 단눈치오 스타일로 제작되었다는 공통점을 갖는다. 이탈리아 현대문학을 대표한다고 평가되는 가브리엘레 단눈치오(Gabriele D'Annunzio, 1863~1938)는 흔히 이탈리아 유미주의(데카당

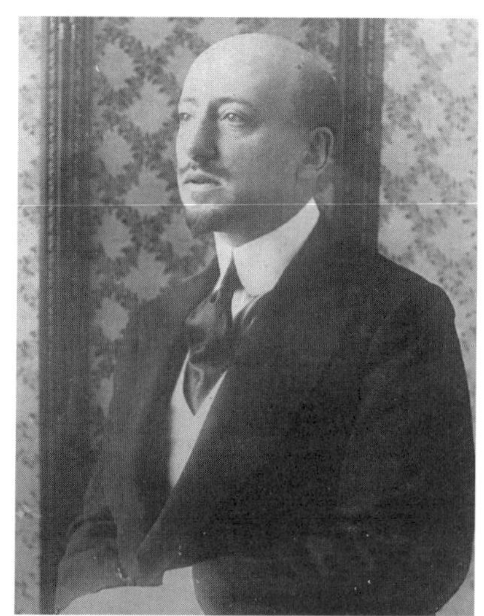

1916년경의 단눈치오.

스) 문학의 기수라고 불린다. 대표작인 『쾌락』(Il piacere, 1889)이나 『무고한 존재』(L'innocente, 1892)도 최근 우리말로 번역되었고, 2019년에는 932쪽에 이르는 방대한 단눈치오 평전인 『파시즘의 서곡, 단눈치오-시인, 호색한, 전쟁광』(The Pike: Gabrielle D'annunzio, Poet, Seducer, and Preacher of War)이 번역되어 화제가 되었다. 단눈치오가 살았던 시대의 이탈리아는 그가 시를 쓰면 주요 일간지들이 1면을 미리 비워두고 시 전문을 게재했을 정도로 그를 숭상했다. 단눈치오는 결코 파시즘의 지지자가 아니었지만, 1919년 지도자(두체)로서 그의 피우메 점령은 이탈리아 민주주의를 파괴했고, 이로써 3년 뒤 무솔리니가 권력을 장악하는 것이 가능해졌다.

프랑스 자연주의와 니체의 초인사상에 영향을 받은 그의 시는 풍부한 시어를 자유롭게 구사하며 활기에 찬 운율로 생의 환희를 노래하는 것으로 관능적 미가 넘쳐났다. 그의 소설도 세기말의 퇴폐적인 남부 유럽적 향락을 구가하는 것들이 대부분이었다. 그의 작품을 다수 차용한 영화도 마찬가지였다. 단눈치오는 〈카비리아〉(Cabiria, 1914)라는 이탈리아 초기 걸작 영화의 시나리오를 일부 썼음에도 불구하고 〈카비리아〉는 그의 영향력이 가장 큰 작품이었다. 단눈치오는 20세기 초반 이탈리아의 문학과 영화에 연예인 숭배주의, 특히 운명의 여배우와 강한 남성에 대한 숭배주의를 불러일으켰다. 여주인공의 이름인 〈카비리아〉에 나오는 남자 주인공 마치스테는 반신반인 헤라클레스의 별명으로 감옥에 갇힌 여주인공을 탈출시키는 노예이다.

레오네는 단눈치오를 비롯한 이탈리아 출신들을 특별히 좋아한다고 한 적이 없다. 레오네의 아버지는 단눈치오를 알았을 테지만 그에 대해 직접 언급한 적은 없다. 그러나 레오네도 다른 이탈리아인처럼 단눈치오의 소설을 읽으면서 성장했기에 그의 영향이 전무했다고는 단언하기 힘들다.

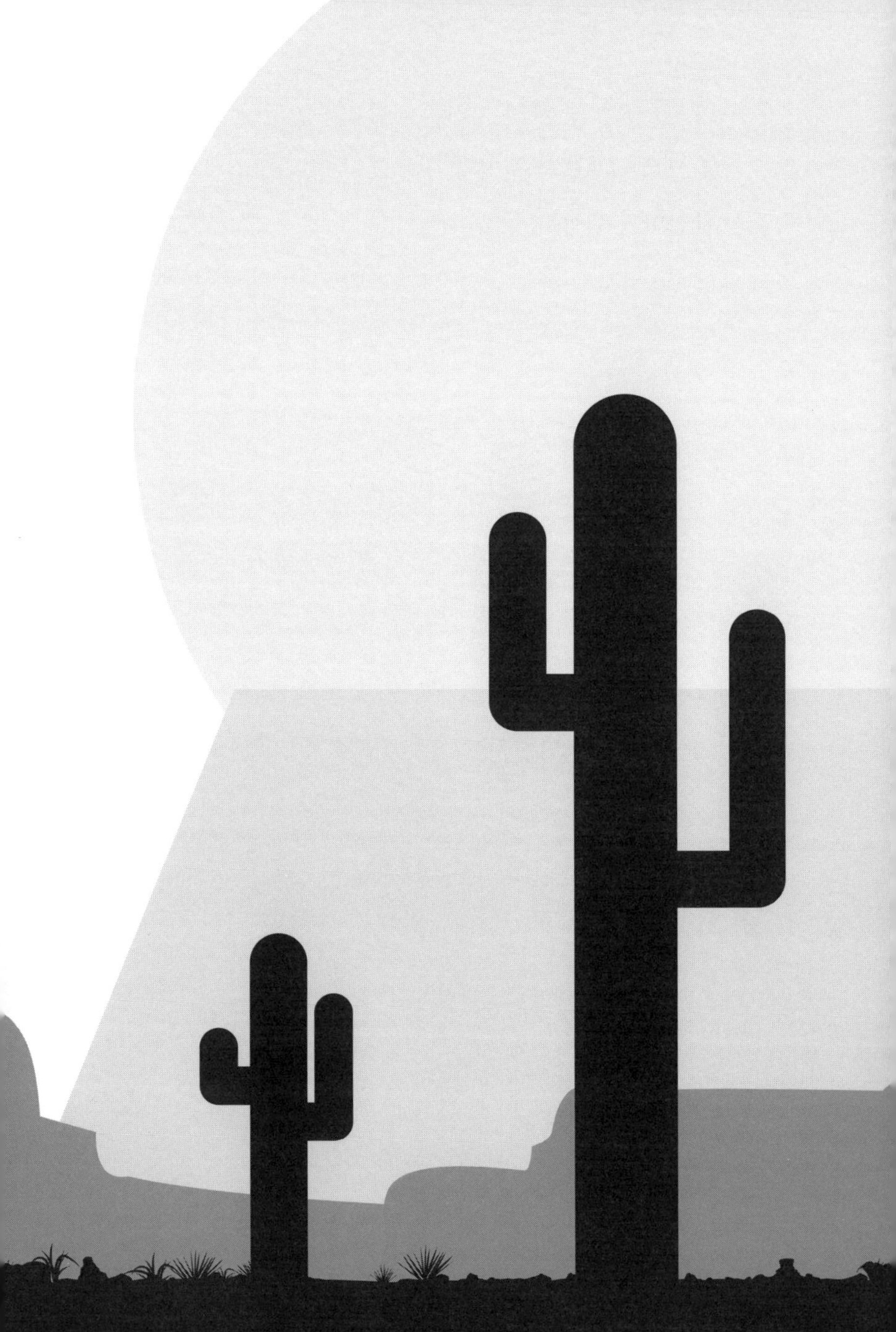

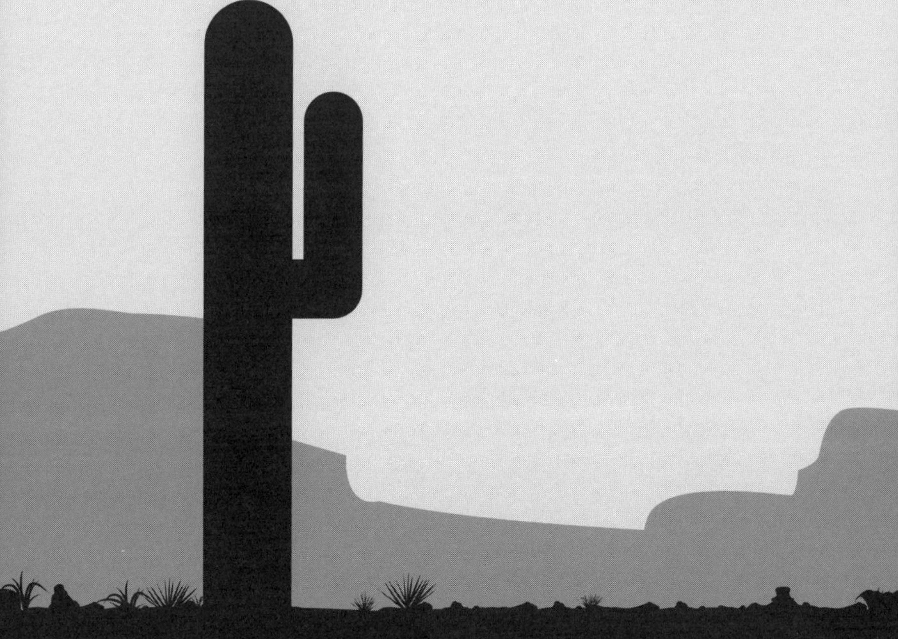

2장 옛날 옛적, 로마

트레비샘 부근에서 태어나다

부산영화제가 처음에 자갈치시장 앞의 극장가에서 열렸을 때는 영화를 보고 나와 바닷가 어물전에서 싱싱한 물고기를 보는 것이 또 하나의 즐거움이었다. 그러나 몇 년 안 되어 해운대 쪽에서 영화제가 열리면서부터 그런 소박한 즐거움은 사라졌다. 대신 지하철에서 내려 극장으로 가는 길에 들어서면서 반드시 만나야 하는 것이 생겼는데, 바로 백화점 입구에 세워진 조잡하기 그지없는 가짜 트레비분수였다. 그런 가짜는 중국의 도시에서도 여러 번 보았다. 아마도 한국에 있는 것들도 중국에서 만든 가짜일 것이다. 그런 중국 물건들이 가득한 조잡한 백화점으로 들어가 비상업적인 소위 '예술영화'를 본다는 것이 얼마나 이상한 일인가! 불이 꺼지고 어둠 속에서 영화를 만나게 되면 모든 불편함이 사라지고 새로운 세계를 찾아가게 되지만, 불이 켜지고 극장 밖으로 나오면 화려한 백화점, 관광지 해운대, 그리고 가짜 트레비분수가 있다. 모든 게 가짜일 뿐이다. 반면 지하철에는 가난한 사람들의 참된 삶이 있다.

30년 전, 처음 로마에 갔을 때 갈레리아 스키아라(Galleria Sciarra)를 찾았다가 우연히 그 부근의 트레비분수 앞을 지나게 되었는데, 사람이 너무 많았고, 특히 한국인들의 큰 목소리에 질려 그냥 지나쳤다. 갈레리아 스키아라의 벽에 가득 찬 '여성의 영광'을 기념하기 위한 여러 점의 아르누보 풍의 프레스코화를 1887년에 그린 화가 주세페 첼리니(Giuseppe Cellini, 1855~1940)는 당시 영국의 윌리엄 모리스(William Morris, 1834~1896)나 번 존스(Burne-Jones, 1833~1898)와 마찬가지로 이탈리아에서 가장 유명한 시인인 단눈치오의 시집에 삽화를 그리기도 했다. 앞에서 보았듯이 이탈리아 현대문학을 대표하는 단눈치오가 뒤에 파시스트로 변한 점은 매우 못마땅하지만, 첼리니의 그림만큼은 볼 만하다.

트레비분수에서 남쪽으로 두 블록 정도 내려오면 루케지 궁전(Palazzo Lucchesi)이 나오는데 그곳에 이르는 거리 비아 델 루케지(Via dei Lucchesi)에 있는 팔라조 라자로니(Palazzo Lazzaroni)에서 레오네는 태어났다. 1929년

1월 3일이었다. 이어 2살부터 20살까지 로마의 중심부에 있는 유서 깊은 트라스테베레(Trastevere) 지역에 살았다. 비아 필리포 카지니(Via Filippo Casini)에 있는 그의 집은 그의 첫 각본 제목인 '비알레 글로리오소(Viale Glorioso)'에서 몇 분 거리에 있다.

아버지 빈센조 레오네(Vincenzo Leone)는 최근 우리나라에서 상영된 〈빈센조〉라는 드라마의 주인공처럼 잘생긴 배우이자 영화감독이고 동시에 시나리오 작가로서 60편이 넘는 영화를 만들었지만, 평생 7편만을 만든 아들과 달리 세계영화사는 물론 엔간한 이탈리아 영화사 책에도 나오지 않는다. 그가 영화에 사용한 이름이 로베르토 로베르티(Roberto Roberti, 1879~1959)인 탓인지 아들의 영화와도 크게 관련이 없다.

그는 대부분 무성영화 시대에 만든 자신의 영화에 히로인으로 출연한 여배우 비체(Beatrice의 줄임말) 발레란(Bice Valerian, 본명은 Edvige Maria Valcarenghi, 결혼 후에는 Bice Roberti, 1886~1969)과 1916년에 결혼하여 13년 만에 기적처럼 외동아들을 낳았는데, 그 아이가 바로 레오네였다. 레오네가 태어날 때 아버지는 50세, 어머니는 43세였으니 귀한 아들이었음이 틀림없다.

아버지는 이탈리아 남부 나폴리 부근의 가난한 시골 귀족 출신이고 어머니는 북부 베네치아의 시골 출신이었다. 우리처럼 38선은 없지만 이탈리아는 실질적으로 남북으로 분단된 나라라고 하는데 레오네의 부모는 그 남북이 만난 셈이었다. 레오네의 외할아버지는 일찍이 로마로 와서 '스페인 계단'으로 이어지는 '스페인 광장' 부근에 있는 '러시아호텔'의 관리인으로 일했다. 그래서 어머니는 로마 '내기'로 자랐다.

반면 아버지 빈센조 레오네는 가톨릭학교를 졸업하고 나폴리대학교에서 법을 공부하면서 연극에 입문해 아마추어극단의 배우이자 연출가로 일했다. 당시 나폴리는 이탈리아 문화의 중심으로 아버지는 이미 시인으로 유명했던 단눈치오와도 알고 지내는 터였다. 그러나 그의 연극 활동은 법률가가 되기를 바란 귀족 집안엔 비밀이었기에 예명을 사용해야 했다. 빈센조가 주연하거나 감독한 영화들은 당시의 인습이나 평범함에 도전한 자극적인 영화로 비평가나 검열관들이 불쾌하게 생각한 탓에 제대로 배급되지 못했다. 그가 감독한 영화 중에 주목할 만한 것은, 그의 아내가 주연한 1913년의 〈인디언 요부〉(La vampira indiana)이다. 뒤에 레오네는 그것이 최초의 이탈리아 서부극이라고 했지만 이미 1910년에 푸치니가 만든 오페라 〈서부의 딸〉(La fanciulla del West)이 있었다. 그러나 장편영화로는 〈인디언 요부〉가 처음이었다. 물론 영화의 아버지라고 하는 뤼미에르 형제(Auguste Marie Louis Nicolas Lumière, 1862~1954, Louis Jean Lumière, 1864~1948)가 만든 몇 편의 서부극도 있었지만, 그것들은 모두 단편이었다.

〈인디언 요부〉는 오빠를 구하기 위해 살인을 하는 인디언 추장 딸과 그의 죄를 뒤집어쓴 착한 남자의 딸이 아버지의 무죄를 증명하고자 벌이는 대결의 이야기로 1914년 1차대전 개전과 함께 개봉되어 큰 인기를 끌었다. 그 뒤 빈센조는 1917년까지 몇 편의 영화를 더 만들었으나 전쟁으로 인한 영화시장 축소와 제작비 폭등으로 흥행에 실패하고 실업자가 되었다. 전쟁이 끝난 뒤 그는 우익적인 영화를 만들었지만, 독일과 미국에서 영화 제작이 성행하면서 그 반대급부로 이탈리아 영화계는 쇠퇴하여 빈센조도 1926년 이후 영화를 접게 된다. 여기에는 무솔리니와 관련된 정치적인 이유도 있었는데, 1920년대 후반부터는 그도 좌경화되었다.

당시 로마의 좌파들은 붉은 커튼 때문에 '붉은 방'

으로 알려진 아라뇨(Aragno) 카페에서 모였다. 레오네는 아비지에게 이끌려 그곳에 갔을 때 사복 경찰이 미행하는지도 모른다고 아버지가 말한 적이 있었다며 훗날 회상했다. 1930년대에 빈센조는 파시스트들이 에티오피아를 침략하자 공산당에 기울었다. 1939년에는 10년 만에 처음으로 유성영화를 찍기 시작했으나 대체로 호평을 받지는 못했다. 레오네는 16세가 된 1945년 아버지가 찍은 영화에 무급 조수로 일하면서 미군 병사역으로 출연하기도 했다. 아버지는 70세가 된 1949년에 마지막 영화를 찍고 영화인생을 끝냈다. 고향으로 돌아간 그는 10년 뒤에 병으로 죽었다.

아버지와 함께 본 인형극

레오네가 태어났을 당시 아버지는 실업자였고 어머니도 영화계에서 은퇴한 뒤 전업주부로 살고 있었기에 그는 부모의 사랑을 듬뿍 받으며 성장할 수 있었다. 그러나 레오네가 고등학교에 다닐 무렵 그의 아버지는 영화 일을 하지 말고 법을 공부하라고 권했다. 자신의 아버지가 본인에게 그랬듯이 말이다. 물론 자신이 그러했듯이 아들도 아버지의 말을 따랐다. 심지어 아버지가 죽은 뒤였지만 1964년 첫 영화 〈황야의 무법자〉에서 아버지처럼 자신의 이름을 그대로 쓰지 않고 봅 로버트슨(Bob Robertson)이라는 예명을 썼다. 로버트슨은 로버트와 선(son, 아들)의 합성어로, 로버트(이탈리아에서는 로베르트)의 아들이라는 뜻이었다.

레오네는 스무 살 때 영화계 진출을 시도했다. 하지만 그때는 이미 아버지가 인생에 절망하여 고향에 돌아간 뒤였다. 아들에게 전혀 도움을 줄 수 없었고, 이후 아버지 빈센조는 아들의 성공을 보지 못하고 죽었다. 아버지가 죽은 뒤 어머니는 레오네와 함께 바티칸 부근의 아파트에서 살았으나, 10년간 심장마비로 인해 말을 하지 못한 채 1969년 83세로 세상을 떠났다. 레오네는 아버지를 제대로 이해하지 못했으면서도 숭배한 반면 어머니는 철저히 무시했다. 이는 레오네의 개인적인 과오라기보다도 특유의 가톨릭 문화와 뿌리 깊은 남성 우월주의로 유럽에서 가장 보수적인 나라인 이탈리아의 분위기 탓이기도 했다.

레오네가 태어날 때 아버지는 실업자였지만 영화로

벌어둔 돈이 있었고, 취미로 수집한 가구를 조금씩 팔아서 가난하게 살지는 않았다. 레오네가 아버지와의 추억을 모두 다 기억하고 있는지 알 수 없지만, 주말에 함께 인형극을 보았던 것을 영화에 대한 '최초의 레슨'이라고 말한 적이 있다. 그가 살았던 지역의 공원에서 열린 전통적인 서민 인형극 부라티니(burattini)는 나폴리에서 온 인형극단이 공연한 것인데, 빈센조는 나폴리 출신으로 나폴리 사투리를 구사할 수 있었으므로 그 인형극을 특히 좋아했다. 인형극에는 가정부, 여관 주인, 정원사, 농부, 거지, 오랫동안 잃어버린 아버지 등이 나왔다. 어느 날 오후, 레오네는 집으로 돌아가던 중 인형극 무대 앞을 지나치게 되었다. 그때 무대 뒤에서 인형극단 부부가 싸우는 소리가 들렸다. 부부는 인형극을 통해 자신들의 싸움을 표현하고 있었다. 훗날 레오네는 '겉으로 드러나는 것과 뒤에서 진행되는 것이 다를 수 있다는 것, 즉 허구와 현실의 차이를 알게 되었다'고 말했다. 즉 '보여주는 것'(스펙타클)이라는 말의 뜻을 알게 되었다는 것이다.

레오네가 본 인형극에는 남부의 퍼피 시칠리아니(pupi Siciliani)에서 온 것도 있었다. 그것은 작은 인형

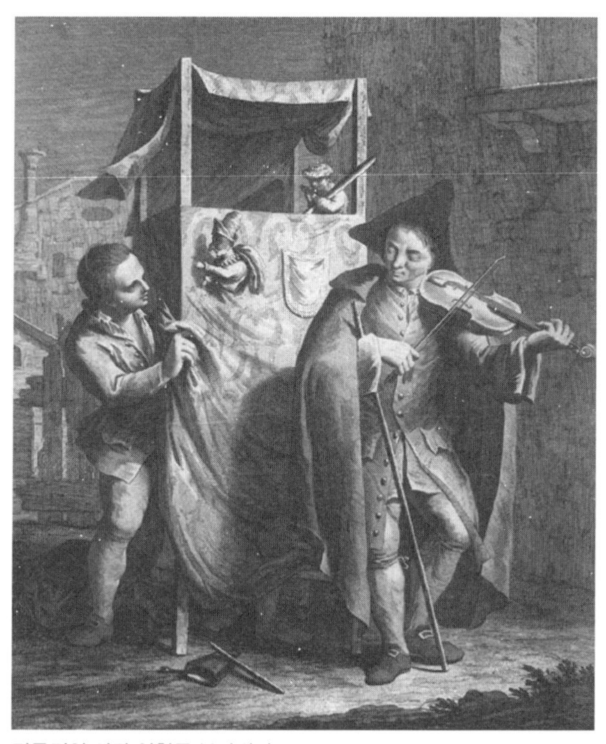

전통적인 서민 인형극 부라티니.

이 아니라 5피트 높이의 큰 인형을 사용하는 인형극이
었다. 중세 프랑스의 최초 십자군(778년) 직후에 전쟁의
비참함을 노래한 서사시 「롤랑의 노래」(La Chanson de
Roland)와 같은 내용으로, 르네상스기의 이탈리아 시인
루드비코 아리오스트(Ludovico Ariosto, 1474~1533)가 쓴

「광란의 오를란도」(Orlando Furioso, 1516)를 주제로 한 극이었다. 롤랑이나 올란도는 마법의 검과 사촌(롤랑의 경우는 르노, 올란도의 경우는 리날도)의 도움으로 사라센 군대와 싸우는데, 사촌이 물을 잘못 마시고 롤랑 또는 오를란도와 마찬가지로 아름다운 안젤리카를 사랑한다고 선언하는 바람에 피가 튀는 싸움이 벌어진다. 뒤에 서부극을 만들면서 레오네는 어린 시절에 본 인형극의 영향을 크게 받았다고 했다. 레오네의 영화에 광대가 자주 나오는 배경이기도 한데, 가령 〈석양에 돌아오다〉의 투코, 〈옛날 옛적 서부에서〉의 샤이언, 〈석양의 갱들〉의 후안이 그러하다.

거리의 아나키 소년

레오네가 만든 영화는 모두 걸작이지만 그중에서도 걸작이라고 하는 작품이 〈옛날 옛적 미국〉이다. 그의 마지막 작품이기도 한 이 영화는 미국의 금주법 시대(1920~1933) 뉴욕의 유대인 거리와 빈민가를 중심으로 불량소년들의 어린 시절 우정을 중심으로 다룬다. 배경은 다르지만 레오네의 어린 시절과 겹치는 시대인 만큼 자신의 어린 시절을 어느 정도 반영한 것이 아닐까 하는 생각이 든다. 이 영화에 대해서는 뒤에서 상세히 설명하겠지만, 레오네가 어려운 제작 여건과 병든 몸으로도 '꿈의 프로젝트(dream project)'라고 할 만큼 마지막 열정을 쏟은 걸작이다. 그 꿈이란 어린 시절에 대한 추억이 아니었을까?

레오네는 자신이 고독하고 겁쟁이며 꿈꾸는 소년이었다고 했다. 그래서 항상 친구들을 찾았다. 당시를 회상하며 그는 자신이 지킬과 하이드처럼 살았다고 했다. 집에서는 모범생이지만 거리에서는 불량배였다는 것이다. 그가 19세 때 쓴 최초의 시나리오 「글로리오소대로」(Glorioso)는 그가 어린 시절을 보낸 곳을 배경으로 한 것이다.

로마의 중심부인 전통적인 트라스테베레 아파트 구역은 주변의 교통 소음과 무관한 조용한 골목으로 이어지는데 부자들이 주로 거주하는 동네다. 맞은편에는 지아니쿨룸 언덕 위에 지아니콜로(Gianicolo) 공원이 있다. 그 언덕은 로마의 건국신화에 등장하는 일곱 개의 언덕과 함께 여덟 번째의 언덕이 있는 곳으로, 거기에

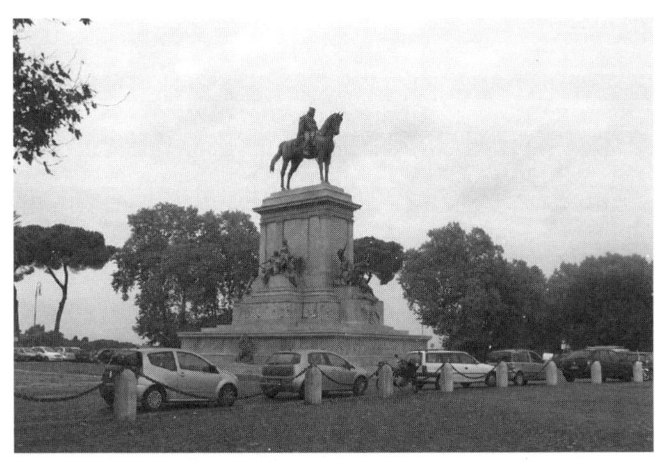

로마 지아니콜로 공원에 있는 가리발디 기마상.

는 이탈리아를 통일한 영웅 주세페 가리발디(Giuseppe Garibaldi, 1807~1882)의 거대한 승마 동상이 있다. 그 주변에는 원래 직인들이 살았는데 19세기 후반부터 로마적인 독립을 자랑하는 진보적인 지식인들이나 예술가들이 모여 살았다. 레오네의 부모도 그들에 속했다.

레오네는 그곳에서 보낸 어린 시절을 '영광(glorious)'의 아나키로 표현하면서 그런 로마적인 시대가 없어진 것을 안타까워했다. 그러나 그 시절의 참된 아나키는 영화와의 사랑이었다. 레오네는 10살 무렵 처음으로 영화관에 간 뒤로 영화에 빠져 살았다. 그런데 그 사랑의 대상인 영화는 할리우드 영화였다. 게리 쿠퍼나 클라크 케이블, 에롤 플린이나 윌리엄 파월, 제임스 스튜어트나 스펜서 트레이시 등이 각각 별개의 인간상을 보여주는 열렬한 모방의 대상인 영웅 스타들이었다. 이탈리아 영화 따위는 안중에도 없었다. 모두 할리우드 키드들이었다. 레오네도 예외가 아니었다. 미국 영화만이 아니라 미국 만화도, 미국 음악도 좋아했다.

당시 이탈리아에서도 자국 영화 보호를 위한 정책을 펼치기는 했다. 외국영화 10편을 상영하면 자국영화 1편을 반드시 상영하고 이탈리아에서 만든 뉴스를 반드시 상영해야 한다는 것이었다. 그 결과 공적 또는 사적으로 제공된 자금에 의한 영화제작이 번성했다. 특히 무솔리니가 로마로 진군한 1922년 이후 영화제작 수는 7배로 늘었고, 기술적 측면도 크게 발달했다. 그중 몇 편은 로마의 치네치타 스타디오에서 만들어졌다. 그러나 할리우드 영화는 계속 이탈리아를 지배했다. 아니 세계를 지배했다.

그런데 1939년부터 파시스트 정권이 모든 외국영화 수입을 국가의 독점사업으로 한다고 결정하자 이에 미국영화 회사들이 항의했고 결국 많은 영화사가 이탈리아에서 추방되었다. 그 뒤부터 이탈리아 내에서는 외국영화를 보기가 어려워졌다. 레오네 같은 할리우드 영화 팬들은 정부 조치에 분노했다. 그러나 'RKO라디오 픽처스(RKO Radio Pictures)'만은 이탈리아에서의 배급을 허용받아 레오네는 존 포드의 〈역마차〉를 볼 수 있었다. 그 밖에 그가 좋아한 영화는 검열의 벽을 뚫고 상영된 제임스 캐그니(James Francis Cagney Jr., 1899~1986)의 〈더럽혀진 얼굴의 천사〉(Angels with Dirty Faces, 1938), 찰리 채플린의 〈모던타임스〉 등이었다. 당시의 검열 책임자는 〈모던타임스〉를 "사회주의와 공산주의를 잔인할 정도로 풍자한 작품"이라고 상영을 허가했다. 무식한 탓일까, 아니면 대중을 속이기 위한 편법일까? 무솔리니도 정치선전영화보다 밝은 영화에 투자하는 것이 더 효율적이라고 생각했고, 그 자신 가벼운 희극과 뮤지컬을 좋아했다.

파시스트 학교, 파시스트 영화

레오네도 아버지처럼 가톨릭학교를 다녔다. 전 세

계에 79개교가 있는 '데 라 살레 성요한 세례교회 학교
(Institute of Saint Juan Baptiste de la Salle)'에서 레오네는 파
시즘 교육을 처음으로 경험했다. 매주 토요일, 제복을
입고 깃발을 쳐들고 드럼을 치면서 애국적인 노래를 부
르며 행진하는 체육과 예비 군사교련이 의무교과목이
었으나, 레오네는 거기 참가하는 대신 아버지의 요구
로 일요일 아침마다 과외활동으로 펜싱 훈련을 받았다.
1960년대 후반 내가 고등학교를 다닐 때도 그런 교련 수
업을 강요받았는데, 이탈리아의 무솔리니 시절처럼 당
시 그것을 면제받는 방법이 있었는지 알 수 없다.

　　레오네는 역사를 좋아했다. 당시 이탈리아의 역사
교육은 파시즘의 영향을 많이 받았다. 교과서 표지부터
파시즘의 상징인 철봉 묶음을 그려 놓았을 정도다. 학교
교육은 네 개의 로마를 중시했다. 즉 황제들이 다스린
고대 로마제국, 르네상스 교황들의 로마, 이탈리아 통일
시의 로마, 그리고 당시 무솔리니의 로마였다. 교육은
물론 언론이나 문화도 파시즘에 의해 왜곡되었다.

　　영화도 예외가 아니었다. 가령 카르미네 갈로네의
〈아프리카인 스키피오〉는 전원생활을 하는 로마인을
이상화하는 반면 카르타고인은 방종에 젖은 사람들로

묘사하여 대조시켰다. 마찬가지로 메디치나 가리발디를 영웅으로 묘사하거나 파업을 파괴하는 파시스트 노병을 예찬하는 작품들도 나왔다.

갈로네는 레오네의 아버지보다 6세 어린 동시대 최고 영화감독으로 1913년부터 1963년까지 50년 동안 120편이 넘는 영화를 감독했다. 역사적인 서사시를 선호한 탓에 세실 비 데밀과 비교되는 그는 1926년 〈폼페이 최후의 날〉(Gli ultimi giorni di Pompei)과 같은 걸작과 함께 〈아프리카인 스키피오〉(Scipione L'Africano, 1937)로 무솔리니 정권의 제국적 열망을 강화하는 데 기여했다.

무솔리니는 1932년에 베니스영화제를 시작하였고 1938년에는 영화스튜디오 '치네치타'를 설립해 영화를 지원했으나, 당시 영화는 대부분 소위 '백색전화(Telefoni Bianchi)' 영화, 즉 중상류계급의 감상적인 멜로드라마 일색이었다. 한국에서도 군사독재 기간에는 멜로드라마 위주로 영화제작이 이루어졌는데, 그 뒤로 지금까지도 주류 영화나 드라마의 소재는 별로 달라진 바가 없다.

제2차 세계대전

1940년 2차 세계대전이 터졌을 때 레오네는 11세였다. 연합군이 시칠리아에 상륙했을 때는 14세였다. 전쟁 동안은 물론이고 그 전후로도 이탈리아의 빈곤은 극도에 이르렀고, 무솔리니 파시즘의 선전도 극도에 이르렀다. 전쟁 말에는 동맹국이었던 나치가 이탈리아를 점령하고 연합군이 '신성도시' 로마를 폭격함으로써 전쟁은 막을 내린다. 그런 상황에서 이탈리아의 청소년들은 할리우드 영화를 마약처럼 흡수했다. 레오네도 예외가 아니었다. 지식인들도 마찬가지였다. 1950~60년대 이탈리아 지식인들은 미국 대중문화에 젖어 살았다. 아니 찌들어 살았다고 하는 편이 적확하다. 그것은 앞에서 본 파시스트 정권 후기의 미국 영화, 만화, 음악의 유행과 직결된다.

레오네는 열두 살 때 나폴리에서 영화를 찍고 있던 아버지를 찾아갔다. 그때 그가 기억한 사건은 뒤에 〈옛날 옛적 서부〉의 첫 장면에 그대로 나타난다. 그 사건은 식량이 절대적으로 부족해 기아에 허덕이던 때였으나 그럼에도 불구하고 '나폴리 근성' 탓으로 여행을 마친 것이었다. 레오네가 나폴리에 도착하자 아버지가 타고 온 마차의 말들이 너무 말라서 거의 움직이지를 못했다. 그러나 아버지는 참지 못하고 마부에게 속도를 내라고 다그쳤다. 그러자 마부는 말이 물밖에 마시지 못했다고 했다. 이 일은 〈옛날 옛적 서부〉에서 몸이 바싹 마른 라파이에트라는 말이 끄는 마차에 질(클라우디어 카르디날레 분)을 태워 모뉴먼트 밸리를 지나가는 장면으로 재현되었다.

또 〈석양의 갱들〉에 나오는 장면들, 가령 후안의 아이들이 살해당하는 것, 멕시코 반란군에 대한 보복, 말을 탄 병사들을 장갑차를 타고 지휘하는 독일군 대령과 같은 장면들은 1920년의 멕시코혁명을 묘사함과 동시에 2차대전이 끝날 무렵의 이탈리아를 묘사한 것으로 영화 속 대령은 나치 대령처럼 보였다. 실제로 1944년 봄에 이탈리아의 포세 아르디틴(Fosse Ardeatine)에서 독일 점령군이 친위대 장교 33명을 죽인 빨치산들의 폭격에 대한 보복행위 중 하나로, 그 10배인 330명의 여성, 아이들, 유대인, 정치가 등을 무차별 학살한 일이 있었다. 처형은 긴 참호나 역 부근에 판 깊은 도랑에서 행해졌다. 포세 아르디틴은 고대 로마 시대에 기독교인들이 숨

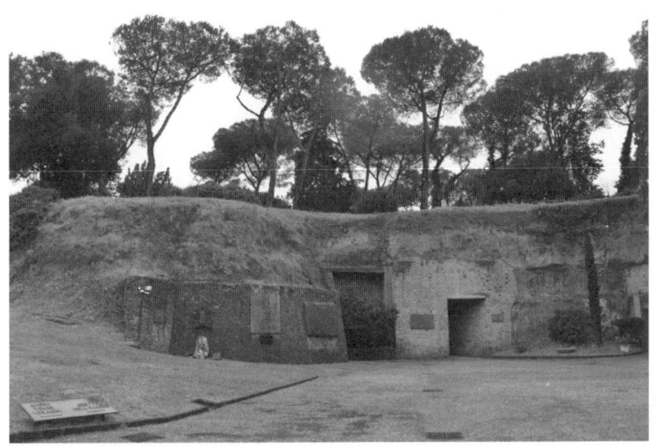

대학살이 이루어진 포세 아르디틴 동굴.

어 살았던 카타콤베(Catacombs) 중에서 가장 큰 유적 부근, 즉 고대 로마의 대로인 아피아가도와 평행으로 놓인 아르데아티나가 끝에 있는 동굴이었다. 학살 후 동굴 입구는 다이너마이트로 폭파되었다. 독일군이 물러난 뒤 조사 결과 유대인 100명, 외국인 12명, 15세 소년 1명, 그리고 의사, 전기기사, 교사 등 민간인들을 포함하여 모두 335명의 시신이 묻힌 것으로 파악되었다.

수많은 이탈리아인이 그러했듯이 1943년 9월부터 1944년 6월까지 이어진 독일군의 로마 점령, 특히 아르디틴 학살은 레오네의 인생에서도 가장 중요한 전환점이 되었다. 당시의 생활환경은 극도로 비참했다. 음식도, 전기도, 심지어 마실 물도 귀했다. 무솔리니가 절대로 있을 수 없다고 확약한 공습도 잦았다.

1943년 6월부터 9월까지 이탈리아군이 붕괴하고 전투지역이 이탈리아로 확대되자 독일군과 독일 행정은 로마에 집중되었다. 로마제국이 샀던 노예로 이탈리아인에 포함된 레반트인의 특징에 관하여 연설하면서 1938년 무솔리니는 유대인에 반대한다고 선언한 것이 나치의 점령으로 비참한 현실이 되었다. 로마의 게슈타포 사령부는 로마 거주 유대인을 검거하여 트리에스테(Trieste) 근교의 산 사바(San Sabba)에 있는 파시스트와 나치스가 운영한 비밀수용소로 보냈다. 그 수용소 이야기는 1997년 로베르토 베니니(Roberto Remigio Benigni, 1952~) 감독, 주연의 〈인생은 아름다워〉(Life Is Beautiful, 1997)에서 다루어졌다. 〈석양의 갱들〉에서 농민 후안 미란다(Juan Miranda, 로드 스타이거 분)는 자식들 6명의 시체가 포함된 산처럼 쌓인 동굴 속 시체 앞에서 자식들과 헤어질 때 마지막으로 "신의 가호가 있기를!" 하고 빌었던 자신의 말을 떠올린다. 그것은 7명의 자녀를 나치 학살로 잃은 이탈리아 레지스탕스인 알치데 채르비(Alcide

Cervi, 1875~1970)의 말과 같다.

남북전쟁을 배경으로 한 〈석양에 돌아오다〉에서도 레오네는 당시 미국에 설치된 수용소 묘사를 통해 유대인 오케스트라가 고문당하는 유대인들의 절규를 뒤덮은 강제수용소를 상기시킨다. 당시 레오네의 아버지는 로마에서 유대인들을 구하는 조직에서 일하면서 유대인을 집에 숨겨주기도 했다. 1943년에 14세였던 레오네는 친구들과 함께 산속에 있는 빨치산에 가담하겠다고 결의했으나 어머니의 만류로 집에 머물렀다. 그와 동년배의 영화인들 중에는 실제로 빨치산에 가담하여 그 경험을 작품으로 발표하기도 했다. 그중에는 1960년대의 서부극들도 포함되었다.

독일군이 돌아가고 미군이 이탈리아를 점령하자 그 전에 종교처럼 숭배한 아메리칸 드림에 대한 실망이 찾아왔다. 그들도 독일군과 다르지 않았기 때문이다. 유일한 차이는 전승국의 군인이었다는 점 뿐이다. 극단적인 물질숭배자이고 소유주의자이자 쾌락주의자인 그들은 전후 빈곤에 허덕이는 이탈리아에서 갖가지 저열한 욕망에 젖었다. 그들은 레오네를 비롯하여 이탈리아 청소년들이 도스 파소스(John Dos Passos, 1896~1970)

나 헤밍웨이(Ernest Miller Hemingway, 1899~1961)나 챈들러
(Raymond Thornton Chandler, 1888~1959)의 소설에서 읽은
미국인과는 너무나 달랐다. 정통 서부극에서 보았던 미
국인들과도 전혀 다른 인종이었다. 그런 의식의 변화가
레오네의 서부극을 낳게 된다.

레오네의 공동 참여 작품

이탈리아의 해방기념일은 4월 25일이다. 1945년
4월 25일 베니토 무솔리니의 망명 정부이자 나치 괴뢰
정부인 살로 공화국 정부가 종말을 맞아 해체된 것을
기념하는 날이다. 그 전부터 레오네는 아버지의 영화
를 비롯하여 여러 영화 작업에 뛰어들었다. 1944년부터
1959년까지의 초기에는 조감독 수준으로 일했기에 그
가 작업한 영화라고 보기는 힘들지만 일단 그 목록을 기
록해둔다(단역 출연 및 공동 각본 작품에는 후기 것까지 포함한다).

조감독 작품	1944 〈마레키아노의 광인〉 1946 〈리골레토〉 1947 〈자전거도둑〉〈파비올라〉 1948 〈파우스트 전설〉〈운명의 힘〉〈일 트로바토레〉 1950 〈붉은 장미는 산에 핀다〉〈맹세〉〈밤의 택시〉 1951 〈쿠오바디스〉〈요란다〉〈3인의 해적〉〈남자와 짐승과 미덕〉〈백인녀 매매〉 1953 〈프리네, 동양의 유녀〉 1954 〈트로이의 엘레나〉〈배반당한 여인〉〈도둑맞은 시전〉 1955 〈여도둑〉 1956 〈법이 나를 유죄로 한다〉〈아버지, 허락해주세요〉 1957 〈선생님〉〈파계〉 1958 〈사랑의 여신, 아프로디테〉〈붉은 해적의 아들〉 1959 〈벤허〉 1962 〈소돔과 고모라〉
출연 작품	1941 〈길 위의 입〉(소년 역) 1944 〈마레키아의 광인〉(병사) 1947 〈자전거 도둑〉(신학생) 1968 〈십자가 없는 묘지〉(호텔 보이) 1979 〈거의 완벽한 정사〉(본인)
각본 작품	1958 〈사랑의 여신, 아프로디테〉 1959 〈폼페이 최후의 날〉 1960 〈일곱 개의 도전〉 1961 〈로물루스와 레무스〉 1962 〈알라의 푸른 깃발〉 1973 〈미스터 노바디〉

오페라영화 조감독으로 데뷔하다

위에서 열거한 레오네의 공동 참여 작품 중에서 1947년에 출연한 〈자전거 도둑〉은 우리나라에서도 유명하다. 레오네는 친구의 소개로 감독인 비토리오 데 시카를 만났다. 데 시카는 레오네가 빈센조의 아들인 것을 알고 제5 조감독으로 고용했다. 당시 19세였던 레오네는 아직 법학교 학생이었으나 영화에 열중한 그에게 공부는 뒷전이었다. 1941년 이후 금지되었던 미국 영화가 1944년 무솔리니가 죽은 직후 4년 만에 개봉되면서 영화관은 항상 만원이었다. 서점도 마찬가지였다. 레오네는 만화나 누아르 소설도 마음껏 읽었다. 1948년 이탈리아에서 상영된 자국 영화는 11퍼센트였던 반면 영미영화는 73퍼센트였다.

당시 비평가들은 '네오레알리스모(Neorealismo, Neorealism)' 영화에 열광했으나 대중은 미국영화에 열광했다. 이는 네오레알리스모의 대표적 감독인 비스콘티(Luchino Visconti, 1906~1976)가 만든 〈벨리시마〉(Bellissima, 1951)에서 여주인공인 안나 마냐니가 로마 뒷골목의 영화관에서 하워드 혹스가 감독하고 존 웨인이 주연한 〈붉은 강〉을 보는 장면에서도 잘 드러난다. 레오네는 네오레알리스모에 대해 중립적이었다. 그것이 중요하고 필요하다고 생각했으나, 자신에게 영화는 상상력, 즉 우화라는 형식을 빌려 여러 가지를 말하는 것이라고 판단했기 때문이다. 그러나 네오레알리스모가 디테일을 철저하게 다루는 태도만큼은 매우 좋아했다. 레오네는 교조적인 영화엔 흥미가 없었다. 당시 그의 동년배들이 사회주의 정치활동에 열중할 때도 레오네는 영화에만 집중했다.

레오네는 1949년, 부모가 로마를 떠나 고향으로 돌아가자 법학교를 중퇴하고 영화 일에 전념하기로 결심한다. 그러고는 당시 62세였던 카르미네 갈로네(Carmine Gallone, 1885~1973)의 영화 작업에 참여함으로써 영화인의 길을 걷기 시작했다. 해방 후 영화계에 복귀한 갈로네는 이탈리아 고전 오페라를 시리즈 영화로 제작했는데, 처음엔 레오네에게 그야말로 담배심부름이나 청소 같은 허드렛일만 시켰다. 그러다가 〈리고레토〉 〈파우스트 전설〉 〈일 트로바토레〉 〈운명의 힘〉 〈야간택시〉의 조감독 일을 맡겼다. 오페라영화는 이탈리아 영화의 해외보급에 기여한 바가 크다.

그런데 오페라를 영화화하는 데엔 문제가 많았다. 갈로네는 무대 위에서 펼쳐지는 오페라를 그대로 필름에 담는 작업에 만족하지 못했고, 기어이 거의 파괴적이라 할 만큼 크게 손을 댔다. 이를 두고 전문가들 사이에 논쟁이 일었지만, 관객들은 매우 만족해했다. 특히 소피아 로렌(Sophia Loren, 1934~)이 〈아이다〉(Aida, 1953)에서 주연을 맡자 평론가들은 격노했으나 대중은 도리어 환호했다. 로렌만이 아니라 안나 마냐니(Anna Magnani, 1908~1973)나 지나 롤로브리지다(Gina Lollobrigida, 1927~)처럼 우리에게도 낯익은 여배우들이 오페라영화의 히로인으로 등장했다.

갈로네가 해방 직후 1946년에 만든 〈그리고 그 앞에서 로마 전체가 떨었다〉(Avanti a lui tremava tutta Roma)는 푸치니의 오페라 〈토스카〉(Tosca, 1900)를 나치 점령 말기의 레지스탕스 투쟁 이야기로 바꾼 것으로, 투사인 안나 마냐니가 토스카로, 경찰서장 스카루피아는 파시스트로 나온다. 갈로네가 1950년에 만든 〈운명의 힘〉(La forza del destino)은 복잡한 스토리를 내레이션으로 대폭 줄이고 거의 3시간이 넘는 원작을 반에 해당하는 1시간 40분 분량으로 대폭 축소했다.

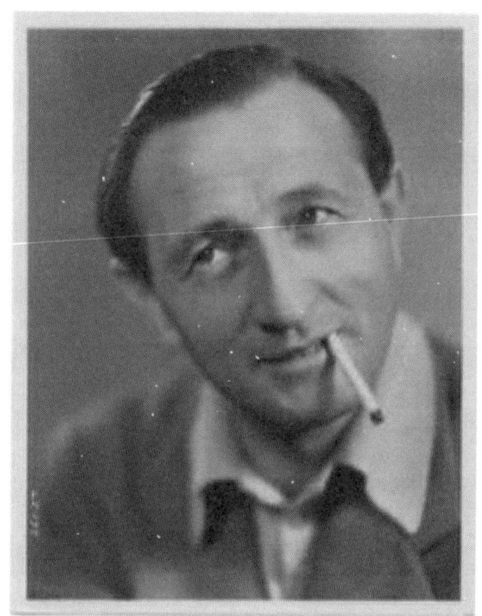

카르미네 갈로네.

　　레오네가 뒤에 만든 서부극을 '폭력의 오페라'라고 부르는 평론가들이 있을 정도로 초기의 오페라 조감독 일은 레오네 영화인생에서 매우 중요했다. 클린트 이스트우드도 "레오네는 서부극을 이탈리아 오페라로 만들었다"고 말했을 정도다(Frayling 53, 재인용). 그러나 레오네는 자신의 서부극이 오페라를 발명한 이탈리아에서 생긴 것이 의미 있지 않느냐는 질문에 대해 부정적으로 답하면서 이탈리아에서 오페라를 제대로 즐기는 사람이 3퍼센트 정도로 극히 적고 음악이 제대로 발전하지 못했다고도 이야기했다. 또한 갈로네의 영화제작에 조감독으로 참여하는 동안 오페라를 혐오하게 되었다면서 이후로는 오페라를 영화로 만들어달라고 하는 모든 의뢰를 거부했다. 그리고 오페라를 영화화하는 유일한 방법은 오페라 배경이 되는 현장에서 최고의 배우가 연기를 한 뒤에 최고의 가수가 노래를 녹음하여 영화에 입히는 것이라고 했다. 그는 도밍고 같은 오페라 가수가 영화에 나와 제대로 연기하지 못하는 것을 지극히 혐오했다. 그러나 앞에서 말했듯이 그의 영화에는 오페라적 요소가 남았다.

역사영화의 조감독

해방 후 이탈리아 영화를 재흥하고자 한 노력 중의 하나는 19세기 역사소설에 근거한 역사영화를 다시 제작하는 것이었다. 1834년에 영국 소설가 에드워드 불워 리턴(Edward Bulwer-Lytton, 1803~1873)이 쓴 『폼페이 최후의 날』(The Last Days of Pompeii), 시엔키에비치의 『쿠오 바디스』(Quo Vadis: A Narrative of the Time of Nero, 1895), 라

파엘로 조바노리(Raffaello Giovagnoli, 1838~1915)의 스파르타인』(Spartaco, 1874), 류 월레스(Lew Wallace, 1827~1905)의 『벤허』(Ben-Hur: A Tale of the Christ, 1880) 등이었다.

레오네는 1947년 알레산드로 블라세티(Alessandro Blasetti, 1900~1987)의 〈파비올라〉(Fabiola, 1949)의 조감독으로 일한 것을 시작으로 1951년의 〈쿠오바디스〉 그리고 1959년 〈벤허〉까지 조감독으로 일했다. 뒤의 두 작품은 한국에서도 자주 상영되었다. 미국의 영화회사들이 엄청난 제작비를 쏟아부어 이탈리아에서 만든 역사영화들은 크게 성공하여 이탈리아 전후의 '기적적인' 경제부흥에도 상당히 기여했다. 그러나 당시 역사영화에는 차별적인 요소가 있었다. 가령 로마 장군으로 기독교로 개종하는 남자 주인공은 미국 배우, 그가 사랑하는 기독교 미녀는 영국 배우, 엑스트라는 이탈리아인이라는 식이었다. 예를 들어 〈쿠오바디스〉의 남녀주인공은 로버트 테일러와 데보라 카였고, 데보라 카를 보호하는 거인 레슬러는 이탈리아인이었다. 레오네는 당시 이탈리아인 엑스트라들을 통솔하는 조감독이었다.

레오네가 마지막으로 조감독을 맡았던 영화는 프레드 진네만(Fred Zinnemann, 1907~1997)의 〈파계〉(The

Nun's Story, 1959)였다. 영국의 여성 변호사 출신인 캐더린 흄(Kathryn Hulme, 1900~1981)이 쓴 소설에 근거한 이 영화는 벨기에의 식민지인 콩고에 있는 작은 간호기관에서 17년간 봉사활동을 한 뒤 벨기에로 돌아와 레지스탕스에 가담한 루크 수녀(오드리 헵번 분)의 실제 경험을 담은 것이다. 진네만은 〈하이 눈〉〈지상에서 영원으로〉(From Here to Eternity, 1953) 〈오클라호마〉(Oklahoma!, 1955) 〈사계절의 사나이〉(A Man for All Seasons, 1966) 등으로 명성을 쌓은 감독이어서 레오네는 그와 일한 것을 대단히 자랑스러워했다. 특히 진네만의 성실성에 감복했다.

이어 레오네는 〈벤허〉의 경주 장면을 담당하는 조감독으로도 일했다. 34년 전 1925년에 만들어진 〈벤허〉에서 윌리엄 와일러가 맡았던 역할이었다. 8분 동안 10대의 전차가 달리는 그 장면은 1925년 영화에서 가장 빛나는 장면이자 촬영하기가 가장 어려웠던 장면이었다. 그런데 1959년 작 〈벤허〉에서는 그 장면이 9분으로 늘어났고 전차는 8대로 줄었다. 메살라의 전차 바퀴에 날카로운 칼이 붙고, 대사가 없는 대신 더 많은 피가 흥건하게 영상을 적셨던 점도 달랐다.

기독교로의 개종을 주제로 삼지 않았다는 점에서 〈벤허〉는 1950년대 사극영화 중 특이한 위치에 놓인다. 로마인들도 타락한 모습으로 묘사되지 않았고, 세트를 이용한 전쟁 장면이나 투기장의 투사, 혹은 순교자도 나오지 않았다. 〈벤허〉를 촬영하는 도중에 와일러는 주연 배우인 찰턴 헤스턴이 그 전에 연기한 〈빅 컨츄리〉(The Big Country, 1958)을 완성하기 위해 영화의 일부 장면을 동시에 찍었는데, 그것이 레오네가 목격한 최초의 서부극 촬영이었다. 헤스턴은 뒤에 "서부극은 미국인이 찍어야 하는 것"이라고 하면서 레오네의 서부극도 이스트우드와 폰다가 나왔기에 다행이라는 식으로 레오네의 존재를 폄훼하는 발언을 했다. 〈벤허〉는 레오네가 조감독으로 임했던 마지막 작품이었다.

레오네는 11년간 58편의 영화에서 조감독으로 일했다. 레오네만이 아니라 프렌체스코 로시(Francesco Rosi, 1922~2015), 프랑코 제피렐리(Franco Zeffirelli, 1923~2019)와 같은 감독들 역시 조감독 수업을 받았는데, 레오네는 미국 감독들과 달리 진지한 이탈리아 감독들을 찬양했다. 가령 데 시카는 분업적인 미국 감독들과 달리 항상 디테일에 관심을 기울였다고 말했다.

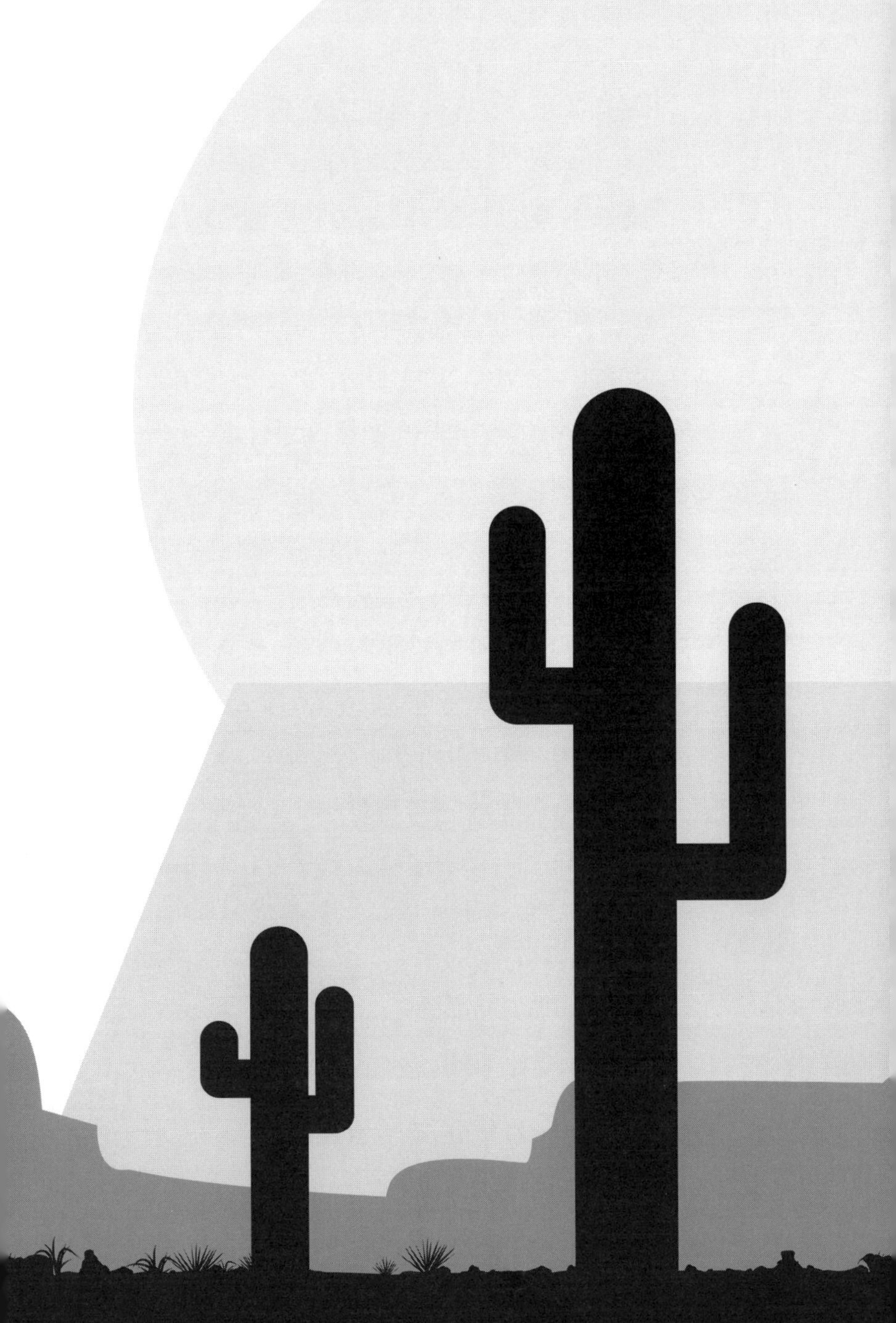

3장 역사를 뒤집다

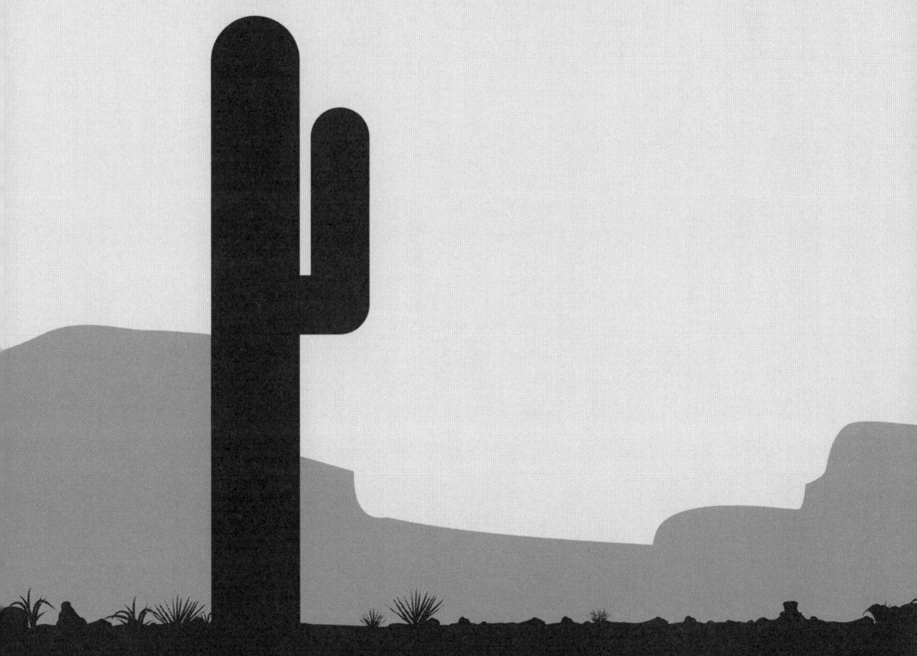

역사영화 붐

1960년대에 본 〈헤라클레스의 모험〉(Hercules, 1958)에 나오는 주인공의 우람한 근육을 과장해서 그린 극장 간판이 내겐 지금도 선명하다. 당시 최빈국 수준이었던 한국에까지, 게다가 한국에서도 최빈민들이 살던 곳에서까지 그 영화가 상영된 것을 보면 인기가 대단한 작품이었음이 틀림없다. 텔레비전이 없던 시대에 영화는 대중의 유일한 오락거리였다. 당시 그 영화를 관람한 학우들이 주인공 같은 몸매를 만들겠다며 보디빌딩을 시작했던 일화도 떠오른다.

1958년 피에트로 프란치시(Pietro Francisci, 1906~1977)가 감독한 〈헤라클레스의 모험〉은 이탈리아에 본격적인 역사영화 붐을 일으킨 장본인이다. 미스터 아메리카와 미스터 월드 그리고 미스터 유니버스 출신인 근육남 스티브 리브스(Steve Reeves, 1926~2000)가 주연한 그 영화는 지금도 한글 자막으로 유튜브에서 볼 수 있다. 이전의 이탈리아 사극에서는 중심이 육체파 여성이었으나 〈헤라클레스의 모험〉 이후 관심의 대상이 근육남으로 바뀌었다. 리브스는 1958년부터 1964년까지 고대를 배경으로 한 사극에서 여덟 번 주연을 맡았다. 뒤에 설명하는 레오네의 영화 〈폼페이 최후의 날〉도 그중 하나다.

그리스 신화에 나오는 유명한 모험 이야기 12가지 중 두 가지(사자와 소의 이야기)를 다룬 〈헤라클레스의 모험〉은 이탈리아만이 아니라 미국을 위시하여 전 세계적으로 성공을 거둔 작품이다. 그래서 이듬해 속편인 〈헤라클레스의 기적〉(Hercules Unchained, 1959)도 제작되었다. 당시 이탈리아가 만든 오락 역사영화를 '페플럼(Peplum)'이라고 하는데, 그 말은 고대인들이 입던 팔이 짧은 상의를 가리키는 것이었다. 1958년부터 1963년까지 170편의 페플럼을 제작했을 만큼 당시에는 오락 역사영화의 인기가 드높았다. 특이한 점은 이탈리아에서 만든 이탈리아 영화인데도 주연은 대부분 리브스 같은 미국인 보디빌더였다는 것이다. 이탈리아인들은 당연히 이런 점에 반발했다.

극소수의 지식인들이 리얼리즘 영화나 예술영화에

주목한 반면, 신화를 소재로 한 판타지 영화들은 대중에게 인기가 있었다. 특히 사회가 변화하는 시기에 인기를 더 많이 끌었다. 이를테면 도시로의 인구 집중 현상이라든지 이동수단의 발달, 소비주의의 확산, 가족이라는 전통적인 관습의 해체, 과학기술의 발달, 도시적인 세련미가 지방으로 퍼지는 현상 등이 나타난 시기에 대중은 판타지에 열광했다. 판타지 영화에 나오는 괴물은 공장이자 회사이자 도시였다. 적은 본인 이외의 모든 사람이었다. 적이 갖는 정교한 무기는 사용 방법이 꽤 복잡한 기계였다. 불의 강은 교통지옥으로서 어느 것이나 위험한 곳이고, 오로지 믿을 자라고는 거대한 근육을 가진 남자뿐이었다.

그러나 레오네는 이런 영화들을 만들어달라는 요구를 다 거부했다. 그가 당시의 역사영화 중에서 유일하게 인정한 것은 스탠리 큐브릭(Stanley Kubrick, 1928~1999) 감독의 〈스파르타쿠스〉(Spartacus, 1960)뿐이었다. 레오네가 페플럼 영화에 대해 가진 불만 중 하나는 디테일에 충실하지 못해서 완성도가 떨어진다는 점이었다. 그는 이러한 태도를 관객을 무시하는 교만한 태도라고 여겼다.

<폼페이 최후의 날>

간혹 레오네의 작품 목록에 <폼페이 최후의 날>(1959)이 오르는 경우가 있다. 이 영화에서 레오네는 원래 각본 공동 집필과 조감독으로 참여할 예정이었으나 감독이 병으로 드러눕는 바람에 대체 감독으로 참여하여 사실상 영화를 완성했다. 하지만 레오네는 그 영화를 자신의 작품이라고 여기지 않았다. 자신이 준비한 작품이 아니고, 본인의 아이디어가 포함된 것도 아니라는 이유에서다. 이탈리아, 스페인, 서독, 모나코가 합작한 대작이었고 흥행에도 성공하여 명실공히 그의 첫 작품인 <로도스의 거상>을 제작할 수 있게 바탕을 깔아준 작품임은 분명했지만 말이다. <폼페이 최후의 날>은 1961년 한국에서 개봉된 뒤 여러 번 텔레비전에서 방영되었다.

이 영화는 원작 소설을 여덟 번째 영화화한 것이었다. 이미 그전에 같은 내용을 원작으로 한 영화가 7개 있었다는 뜻이다. 이 소설은 최근 '환상문학전집'의 하나로 간행된 번역본에서 "19세기 빅토리아 시대를 대표하는 역사소설의 하나로, 세심한 시대적 고증에 의해 당시의 양식과 풍속, 종교 등을 자세히 묘사했을 뿐만 아니라 인간성의 다양한 면모와 사상적인 대립을 생생하게 그려내고 있다는 평가를 받는다"고 했지만, 내가 보기엔 조잡한 대중소설에 불과하다. 가령 소설의 시점은 기원후 79년인데, 당시에 소설에 등장하는 기독교인 공동체가 존재했다는 증거는 어디에도 없다. 베스트셀러가 된 이유도 문학성이 아니라 소설이 출판되기 직전, 베수비오 화산이 분화했다는 점이 더 컸다.

이야기는 아테네의 명문가 출신으로 미청년인 글라우커스와 그의 연인 이오네의 사랑을 중심으로 진행된다. 두 사람의 사랑을 방해하는 이집트인 제사장이 이오네의 동생을 죽이고 그 죄를 글라우커스에게 덮어씌운다. 글라우커스를 사랑하는 이오네의 하녀인 눈먼 니디아는 투기장에서 사자의 밥이 되기 직전인 글라우커스를 구출하여 이오네와 함께 구조선에 태운다. 그러고 나서 자신은 바다에 몸을 던진다. 아테네에서 두 연인은 기독교로 개종한다.

그런데 영화의 주연을 스티브 리브스가 맡게 되면서 스토리도 분위기도 180도로 바뀐다. 주인공의 신분이 아테네의 신사에서 로마의 백인대장으로 바뀌었고, 게다가 그가 악어와 싸우거나 사원의 거대한 기둥을 들어 파괴하는 등 황당무계한 장면이 더해진 것이다. 그후 감독이 쓰러지면서 레오네가 영화제작의 나머지 부분을 감독했는데, 그 과정에서 뒤에 서부극을 만들 토양이 형성되었다.

물론 1959년 이전의 영화에 비해 나아진 점도 있다. 예를 들어 화산의 분화, 투기장의 사자, 사악한 사제장만을 강조하면서 나머지를 소홀하게 묘사했던 예전 작품에 비해 1959년 영화에서는 이야기가 더욱 풍부해졌다. 영화는 약탈과 파괴를 일삼는 흑두건의 기수들이 방화와 살인을 일삼고, 벽에 기독교 십자가를 그리고 사라지는 모습으로 시작한다. 로마군 백인대장으로 원정에 돌아온 글라우커스는 가족이 살해되고 집이 불탄 것을 목격한다. 기독교도 지하조직의 짓이라고 의심하지만, 그가 마차의 폭주에서 구출해준 이오네(크리스티네 카프만 분)는 그렇게 생각하지 않는다. 글라우커스는 시장에서 로마병에게 구타당하는 젊은 여자 노예를 구해준다. 이집트인 제사장(페르난도 레이 분)이 주최한 연회를 목격한 글라우커스는 학살 범인이 여신 이시스의 신전을 근거로 하여 활동하는 교단임을 알게 된다. 그 교단의 제사장과 그의 이집트인 애인 줄리아는 로마제국을 전복하기 위한 군자금을 모으고 있었다. 이오네와 그녀의 눈먼 시녀인 니디아는 기독교 신자로서 비밀리에 동굴에 모여 예배를 올리곤 했는데, 무장한 기수들이 이곳을 습격하여 기독교 신앙은 사형에 처해야 할 대죄라고 엄포를 놓으며 잡아간다. 기독교도들은 채찍에 맞거나 불에 달군 쇠로 온몸에 지짐을 당하는 등 엄청난 고통을 겪는다.

한편 글라우커스는 자신들이 무죄라고 하는 사람들의 항변에 귀를 기울인다. 줄리아는 의원을 살해하고 음모를 방해했다는 죄를 글라우커스에게 덮어씌운다. 그 결과, 신전의 이시스 여신상 앞에 만들어진 구멍으로 던져지고, 물이 찬 지하실에서 악어와 대결하게 된다. 하지만 싸움에서 이겼는데도 불구하고 글라우커스는 다른 기독교도들과 함께 사형을 선고받는다. 기독교도들이 찬송가를 부르며 투기장으로 쫓겨나갈 때 글라우커스는 자신을 묶은 쇠사슬을 바위에서 떼어내 굶주린 사자를 죽이고 두 명의 검투사에게도 이긴다. 그러고 나서 황제에게 화살을 쏜 반란군과 함께 싸우고자 하는 순간, 화산이 폭발한다. 혼란 속에서 사제장의 머리 위로 이시스 상이 무너지고, 글라우커스는 불타는 항구를 수영으로 건너 이오네를 구출하여 먼바다로 간다. 이 영화는 여러 가지 문제점을 안고 있었음에도 흥행에는 성공했다.

<로도스의 거상>

〈로도스의 거상〉을 제작하기 직전에 레오네는 카를라 라날리(Carla Ranalli, 1932~2017)와 결혼했다. 그들은 10년 전에 만났는데, 당시 레오네는 19세, 카를라는 16세였다. 결혼의 기쁨과 함께 시작한 작품을 자신의 첫 작품이라고 생각하는 것도 무리가 아니다.

〈로도스의 거상〉(Il Colosso di Rodi)은 레오네가 영화 한 편을 처음부터 끝까지 완전하게 감독한 첫 작품이다. 그러나 우리에게는 알려진 바가 거의 없다. 로도스의 거상 혹은 크로이소스의 거상은 로도스에 있던 그리스 태양신 헬리오스(아폴론)의 거대한 조각상이다. 약 33m 정도로 현재의 자유의 여신상과 비슷했다고 한다. 고대 세계 7대 불가사의 중 하나로 불리기도 하는 이 거상은 당시 로도스인들이 키프로스의 지배자와의 전쟁에서 싸

워 이긴 것을 기념하기 위하여 그리스인 건축가 카레스
에 의해 건립되었다.

로도스는 마르크스가 『루이 보나파르트의 브뤼메
르 18일』(Der 18te Brumaire des Louis Napoleon, 1852)에서
"여기가 로도스다, 여기서 뛰어라!"라고 한 말로도 유
명하다. "바로 이 자리에서 네 실력을 보여라"라는 뜻인
데, 이솝우화에 어느 허풍스러운 5종 경기 선수가 해외
여행에서 돌아와 "로도스에 갔더니 올림픽 선수 뺨치는
성적이 나오더라"라고 하자 듣고 있던 사람이 그렇게 말
했다는 것에서 유래한 이야기이다.

레오네가 공동으로 각본을 쓰고 감독한 이 작품은
로마의 지배를 받기 전 3세기 후반 고전 시대의 로도스
에 대한 상상의 이야기다. 즉, 알렉산더 대왕이 사망한
후(기원전 323년) 헬레니즘 시대로 알려진 로마제국(기원전
27년)이 등장하기 전의 시기이다. 로도스의 거상을 배경
으로 폭군 왕을 전복시키려는 음모를 꾸미는 전쟁 영웅
두 사람의 이야기가 배경인데, 그중 한 사람은 로도스
의 애국자이고, 다른 한 사람은 페니키아 스파이다.

<로도스의 거상>의 줄거리

기원전 280년, 그리스 군사 영웅 다리오스(Darios)가 로도스에 사는 삼촌 리씨푸(Lissipu)를 찾아간다. 당시 로도스는 항구의 수호신으로 삼은 아폴로 신의 거대한 동상(거상)을 막 완성하고 그리스에 적대적이었던 페니키아와 동맹을 계획하고 있었다.

다리오스는 거상의 제작자인 카레테의 딸인 아름다운 디알라(Diala)와 사랑에 빠짐과 동시에, 로도스의 독재자인 세르세(Serse) 왕에게 반기를 든 펠리오클레스(Peliocles)가 이끄는 반란군과 엮이게 된다.

당시 왕에게 반기를 든 자들에는 펠리오클레스 반란군만이 아니라 세르세의 사악한 부사령관 타르(Thar)도 있었다. 그는 페니키아 병사들을 노예로 팔기 위해 로도스에 밀입국시키고 있었고, 그 부하들은 페니키아 함대를 안전하게 항구로 들이기 위해 거상을 점령했다.

반란군은 타르의 계획을 눈치채고 그리스인들에게 도움을 요청하기로 결정한다. 스파이로 의심받아 출항을 금지당한 다리오스는 자기도 모르는 사이에 메신저 역할을 하게 된다. 그러나 반란군이 밤에 은밀히 항구를 빠져나가려고 했을 때 거상 속의 방어 무기 장치에 걸려 체포되고 만다. 그 후 다리오스는 물론 동료 공모자도 유죄 판결을 받는다. 그러나 처형되기 직전, 나머지 반란군이 그들을 풀어준다.

은신처에 숨어 있던 펠리오클레스는 침략을 막는 유일한 방법은 거상을 통제하고 거상 아래에서 노예로 일하고 있는 동료들을 풀어주는 길뿐이라고 확신한다. 지하 감옥의 문을 여는 비밀은 거상 자체 속에 숨어 있다. 다리오스는 디알라의 도움을 받으려고 하지만 안타깝게도 그녀에게 반란군의 은신처에 대해 말하는 실수를 저지르게 된다. 권력을 갈망하는 디알라는 다리오스를 배신하고 타르에게 반란군을 거의 몰살시키게 한다. 펠리오클레스의 여동생이자 형제인 미르테와 코로스만이 죽음을 면한다.

펠리오클레스와 그의 부하들은 체포되어 지역 투기장에서 검투사로 싸워 사람들에게 오락을 제공하게 된다. 다리오스가 배신자의 음모를 공개적으로 폭로하기 위해 도착했을 때 타르는 그의 쿠데타를 실행하고 세르세와 그의 부하들을 죽인다. 반란군은 즉시 계획을 실행했지만 반란은 실패할 운명에 처한다. 다리오스는 지하 감옥을 열려고 시도하지만 체포되고 그와 동행한 코로스가 살해된다. 거상에 대한 반란군의 전면적인 공격은 강력한 무기 장치에 의해 좌절되어 도시로 후퇴하게 된다. 자신의 평생 과업이 파괴되는 것을 보고 싶지 않은 디알라의 아버지를 타르의 병사들이 죽인다.

지진과 폭풍이 적의 함대가 수평선에 보이는 것과 같이 섬을 강타한다. 타르와 그의 부하들은 지진의 시작으로 건물이 격렬하게 흔들릴 때 거상을 피해 도시 거리에서 반란군에게 살해당한다. 후회에 시달리는 디알라는 다리오스를 풀어주지만 얼마 지나지 않아 떨어지는 파편에 의해 살해된다. 지진이 계속되면서 거상은 마침내 쓰러져서 항구의 만에 충돌한다.

자연의 분노가 지나간 후 다리오스와 미르테는 폐허가 된 도시 밖에서 리시푸를 만난다. 리시푸는 다리오스가 이제 자유롭게 떠날 수 있다고 말하지만 그의 조카는 그가 미르테와 결혼하고 로도스에 머물면서 섬을 다시 평화롭게 만들 것이라고 발표한다.

<로도스의 거상>의 제작

앞에서 보았듯이 레오네는 "〈폼페이 최후의 날〉은 내 영화가 아니다. 〈로도스의 거상〉이 나의 진정한 첫 작품이다"라고 말했지만 두 작품 사이엔 유사점이 너무나 많다. 출연 배우들도 같고 각본 팀도 동일하고 이탈리아와 스페인의 합작이라는 점도 같다. 촬영감독과 작곡가도 같다. 무엇보다도 이야기가 비슷하다. 유랑의 전사가 음모에 휩쓸리고, 크게 내키지 않으면서도 애국자들의 그룹에 힘을 빌려준다. 악한들에게 체포되어 거상이 있는 신전(이번에는 이시스가 아니라 아폴로)에 갇힌다. 그리고 클라이맥스에는 대지진에서 탈출한다. 레오네 자신도 두 작품의 유사성을 인정했다. 물론 다른 점도 많았다. 여하튼 이 영화는 그가 공식적으로 감독한 7편의 영화 중 가장 잘 알려지지 않은 작품이며, 모리코네의 음악이 없는 유일한 영화이기도 하다.

작품의 아이디어는 당시 인기 있던 《고대세계의 7대 불가사의》(Seven Wonders of the Ancient World)라는 그림이 많이 들어간 역사잡지에서 나온 것이었다. 그 불가사의 중 하나가 기원전 280년부터 대지진으로 파괴된

224년까지 로도스 항구에 존재한 아폴로 거상이다. 레오네는 각본을 쓰면서 거상이 존재했던 기간을 줄이고, 독재군주가 자유를 쟁취하기 위해 그리스 전사들과 함께 싸운다는 이야기를 추가했다. 실제로 33미터 높이였던 거상을 네 배에 가까운 110미터로 늘리는가 하면 그것을 정치범을 가두기 위한 비밀감옥 겸 고문실로 설정했다.

영화에 나오는 아폴로 거상은 압제의 상징임과 동시에 미국식 '자유의 여신'을 풍자한 것이다. 그 거상은 일반 서민에 대해서는 일말의 관심도 없다. 하지만 지중해에서 가장 중요한 항구에 세워져 그것을 공격하는 자들에게는 지옥의 고통을 안겨준다고 약속한다. 자유의 여신상도 미국을 지키는 수호신의 역할은 하지만, 서민들과는 무관하다고 보는 레오네의 비판적 시각이 이 영화에 있다.

또한 주인공 캐릭터는 1959년에 제작된 영국 감독 앨프리드 히치콕(Alfred Hitchcock, 1899~1980)의 미스터리 첩보 영화 〈북북서로 진로를 돌려라〉(North by Northwest, 1959)의 주인공 로저 손힐(캐리 그랜트 분)을 고려한 것이다. 그는 이유도 모른 채 일련의 사건에 휘말려 모든 인간으로부터 도피해야 할 위기상황에 놓인다. 〈북북서로 진로를 돌려라〉의 클라이맥스인 러시모어산의 장면은 〈로도스의 거상〉의 검투극 장면에 영향을 주었다. 거상의 귀에서 나오는 검투사들이 거대한 팔 위로 균형을 잡으며 나아간다. 레오네는 거상의 머리를 러시모어산의 두상처럼 만들었지만, 최초에는 무솔리니의 머리처럼 만들 생각이었다. 두 손을 허리에 올린 모습도 무솔리니의 포즈를 참고한 것이다. 러시모어산에 새겨진 4명의 대통령인 조지 워싱턴, 토머스 제퍼슨, 에이브러햄 링컨, 시어도어 루스벨트를 무솔리니에 비유한 것도 레오네의 블랙유머였다.

영화는 이탈리아 국내에서 흥행에 성공했다. 그래서 〈석기시대의 아폴론〉(1962)이니 〈로마의 아폴론〉(1963)이니 하는 모방작이 이어졌다. 그 두 작품에서 아폴론은 거대한 근육을 자랑하는 괴력남으로 나왔다. 몇 년 뒤에 레오네는 〈로도스의 거상〉에 대해 이탈리아 사극의 패러디로서 나쁜 작품은 아니었지만, 세트나 디자인이나 의상은 저속했다고 자평했다.

<로도스의 거상>의 정치학

레오네의 공식 감독 데뷔작인 <로도스의 거상>은 이어지는 그의 영화에 나타나는 많은 특징을 예고하지만, 전체 작품과의 관계에서는 다소 고립적인 작품이라고 할 수 있다. 이 영화는 레오네가 스스로 제작한 것이 아니라 외부의 의뢰를 받아 제작된 것으로 작가영화가 아닌 상업영화지만, 영화 전반에서 감독의 세계관과 내러티브의 특징을 찾아볼 수 있는 매우 흥미로운 작품이다.

1960년대 초 이탈리아 영화 중에서 <로도스의 거상>은 특정한 사회 역사적 맥락 때문에 역사적·신화적 장르나 '정치적' 장르의 흥미로운 사례로 나타난다. 그 장르는 파시스트 정권의 억압된 기억을 불러일으킴과 동시에 당시의 정치적 분위기를 암시하기도 한다. 이러한 장르의 우화적 이야기에 폭력을 보탠 형태가 바로 스파게티 웨스턴 영화로 이어졌다고 할 수 있다. 그러나 레오네의 여타 영화와 다른 점도 많다. 가령 뒤에 보는 <황야의 무법자>에서는 폭력이 엄격하게 개인주의적인 것이지만, <로도스의 거상>에서는 폭군에게 부당한 억압을 받은 사람들이 자유를 찾기 위해 맞선다는 점에서 집단주의적인 것이라는 점이다.

한편 레오네는 〈로도스의 거상〉에서 미래 작업의 독특한 구조를 보여준다. 서로 반대하는 두 파벌 간의 투쟁이라는 맥락에서 개인주의적이었던 이방인의 모습은 동맹을 통해 내러티브의 발전을 결정한다. 이것이 바로 배우 로티 칼훈이 연기한 아테네의 다리오스의 경우이다. 레오네에 의하면, 그는 클린트 이스트우드를 통해 묘사되는 것과 동일한 무관심함을 보여준다. 그는 기원전 3세기에 세르세 왕에 대한 대중의 불안이 커지고 있는 로도스를 방문하는 동안, 폭군에 대한 음모의 리더가 된다. 한편 배신자의 도움을 받은 페니키아인들은 도시를 침공하려 하지만 엄청난 지진으로 길이 막힌다.

여기서 레오네가 강조하는 것은 자유와 권리를 위해 싸우는 '외부인'과 기존세력을 대표하는 '내부인' 간의 갈등이다. 이 점에서 〈로도스의 거상〉은 전 세계에 이탈리아 역사영화라는 장르를 대중화한 인물들인 헤라클레스 및 마시스테의 전통과 다르다. 위에서 말한 〈헤라클레스〉(1960)와 〈삼손의 아들〉(Maciste nella Valle dei Re, Son of Samson, 1960)과 같은 영화는 근육질이고 활기차고 의사 결정을 맡은 타이틀 캐릭터를 영광스러운 인물로 만들기 위해 투쟁을 이용하지만, 레오네의 영화에서는 배우를 단지 군중의 집단적 장면을 하나로 묶는 접착제로만 사용한다.

주인공 다리오스를 연기한 배우 로리 칼훈은 상징적인 보디빌더이자 배우인 스티브 리브스의 과장된 남자다움과는 거리가 멀다. 실제로 그의 캐릭터에는 동성애적 요소를 가리키는 여성적인 자질도 포함된다. 이 장르의 전형적인 정력의 신격화라는 이데올로기적 고정관념에서 분리된 또 다른 사례로서 다리오스를 단순히 신체적 강자가 아니라 자신에 대한 확고한 신뢰를 상징하는 인물로 이해하게 해준다. 이 점에서도 레오네의 정치적 의도가 분명하게 나타난다.

<소돔과 고모라>

1961년 레오네는 다시 조감독으로 일했다. 로버트 앨드리치(Robert Aldrich, 1918~1983) 감독의 〈소돔과 고모라〉(The Last Days of Sodom and Gomorrah, 1962) 중 전투 신을 담당하는 조감독으로 말이다. 그런데 미국인인 앨드

리치는 이탈리아 정부로부터 보조금을 받고자 레오네를 명목상의 공동감독으로 삼았다. 그래서 우리나라에 나온 비디오에는 그가 공동감독으로 나오는데, 이는 잘못된 정보이다. 앨드리치는 서부극 〈아파치〉(Apache, 1954)와 〈베라크루스〉(Vera Cruz, 1954), 전쟁영화 〈공격〉(Attack!, 1956) 등 레오네가 좋아한 영화들의 감독을 맡았던 사람이었다. 그가 권한 조감독 자리를 레오네가 즉각 받아들인 배경이다.

앨드리치는 그의 조부가 30년간 상원의원을 지내고 종형이 부통령을 지낸 명문가 출신으로 버지니아대학교에서 경제학을 공부하다가 영화에 뛰어들어 장 르누아르(Jean Renoir, 1894~1979), 찰리 채플린, 조셉 로지(Joseph Losey, 1909~1984) 등의 조감독을 지냈다. 그의 영화는 우리나라에서도 대부분 상영되었지만 결코 명작들이라고는 할 수 없다. 〈소돔과 고모라〉도 흥행에 실패했다. 레오네는 자신이 조감독을 지낸 다른 감독들과 마찬가지로 앨드리치에게도 실망했지만, 뒤에 자신의 영화에 등장하는 액션 신을 예습한 점은 무시할 수 없다고 말했다.

영화의 줄거리는 구약성경에 나오는 이야기에 근거

한다. 창세기에 의하면, 아브라함은 신인 야훼의 부름을 받고 조카 롯과 아내 사라를 데리고 가나안 땅으로 간다. 그곳에서 생존경쟁이 치열해지자, 아브라함과 롯은 서로 반대 방향으로 가서 살기로 합의를 본다. 롯은 소돔과 고모라의 화려한 겉모습에 현혹되어 소돔에 거처하게 되지만 그곳은 동성애의 만연으로 야훼가 멸망시키고자 하는 곳이다. 이로부터 sodomy, 곧 동성애라는 말이 나왔다.

아브라함은 조카가 걱정되어 소돔성을 멸망시키지 않도록 야훼와 협상을 시작한다. 야훼는 "소돔성 안에서 선한 사람 50명만 찾아내면 멸망은 없던 것으로 하겠다"라고 한다. 협상에 협상을 거듭한 끝에 선한 사람의 숫자는 10명으로 줄어들지만 결국 그 10명을 찾아내지 못하여 소돔과 고모라는 멸망한다. 그리고 하인과 재산을 모두 소돔에 버리고 몸만 도피하던 롯의 식구 중 롯의 아내가 뒤를 돌아보아 소금기둥이 된다. 여기까지가 성경에 나오는 이야기다.

성경에서 롯은 눈에만 좋아 보이는 소돔을 택한 근시안적 인물로 나오지만, 영화에서는 모세처럼 출애굽을 지도하는 소돔의 위대한 지도자로 그려진다. 소돔을

신에게 구해달라고 애원하는 아브라함도 영화에는 나오지 않고 그 역할을 롯이 한 것이다. 성경의 내용과 더욱 다른 점은 소돔 멸망의 원인을 성적 타락으로 보지 않고 노예 제도와 소금 독점으로 본다는 점이다. 사해 부근에 있었으리라고 추측되는 소돔은 소금 판매로 부를 축적했던 곳이다.

영화 〈소돔과 고모라〉는 제목과 달리 완전히 소돔의 이야기만 다룬다. 아브라함의 조카 롯이 거주한 곳이 소돔이기 때문이다. 영화는 롯이 히브리인들을 이끌고 사막을 지나 기름진 약속의 땅을 찾아가는 것으로 시작한다. 그들은 오랜 유랑 끝에 한 마을에 도착하여 밭을 경작하며 정착 생활에 들어간다. 그런데 이들의 땅에 사막부족인 헬라민족이 침입해와서 집을 불태우며 소동을 일으킨다. 롯은 소돔성의 여왕과 손을 잡고 유황과 불을 이용해 이들을 물리친다.

애써 가꾼 땅이 황무지로 변하자 살 곳을 찾아 소돔성에 들어간 히브리인들은 우상을 섬기는 타락한 소돔성의 분위기에 젖어 방탕한 생활에 빠지기 시작하고, 하느님의 뜻을 거역하는 생활에 익숙해진다. 한편, 롯은 베라 여왕의 동생과 결투 끝에 그를 죽이고 감옥에 갇혀 최후의 날을 기다리는 신세가 된다. 이때, 롯에게 목자들을 데리고 소돔성을 떠나라는 하느님의 계시가 들려오면서 수갑이 풀리고 감옥 문이 열리는 기적이 일어난다.

하느님은 의인이 열 명만 있어도 성을 멸하지 않으리라고 마지막으로 약속하지만, 그 의인이 없어 소돔성을 불과 유황으로 심판한다. 심판의 장면을 절대로 돌아보지 말라는 하느님의 마지막 명령이 있은 후에 롯은 이를 믿는 사람들을 데리고 홀연히 성을 빠져나오는데 롯의 아내가 뒤를 돌아보며 소금기둥으로 변한다.

성경과는 많이 배치되는 이야기임에도 불구하고 이 영화는 1964년에 한국에 수입되고 개봉하여 흥행에 크게 성공한 뒤 1974년에 다시 개봉되어 역시 성공했다. 그 뒤 비디오로도 나오고 여러 차례 텔레비전을 탔고, 지금도 유튜브 등에서 무료로 공개되어 누구나 쉽게 볼 수 있다.

<음악의 앞>

1962년 작인 <음악의 앞>(En avant la musique, The Changing of the Guard)은 조르지오 비앙키(Giorgio Bianchi, 1904~1967) 감독이 만들다가 만 영화를 레오네가 1~2주일 정도 마지막 작업을 더하여 완성한 작품이다. 온전히 레오네의 영화라고 보기는 힘들지만, 여기에 간단히 소개한다.

무대는 이탈리아의 작은 마을인 아르데아(Ardea). 각자의 아이들이 연결된 두 사람의 시장 후보에 관한 이야기다. 파시스트 정권이 선거에 개입하여 소동이 벌어지지만, 끝내 미군이 마을에 들어와 파시스트와 나치의 인질이 된 사람들을 해방한다. 반파시스트 후보가 시장으로 당선되고 마을 사람들은 행복하게 살게 된다. 이 영화는 1950년에 대성공을 거둔 <돈 까밀로>(Don Camillo) 시리즈를 재현하고자 같은 배우들을 기용했으나 흥행에는 실패했다.

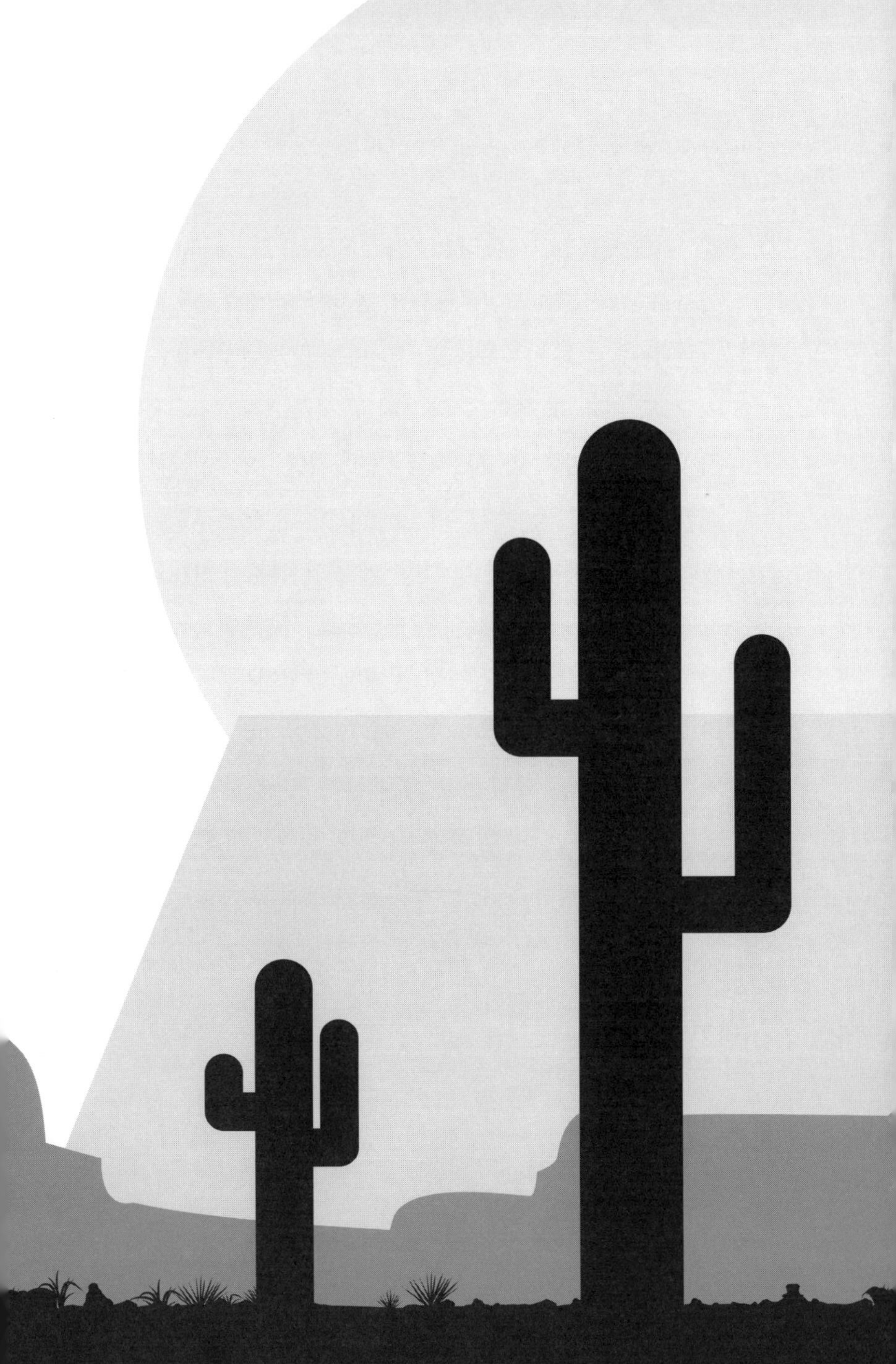

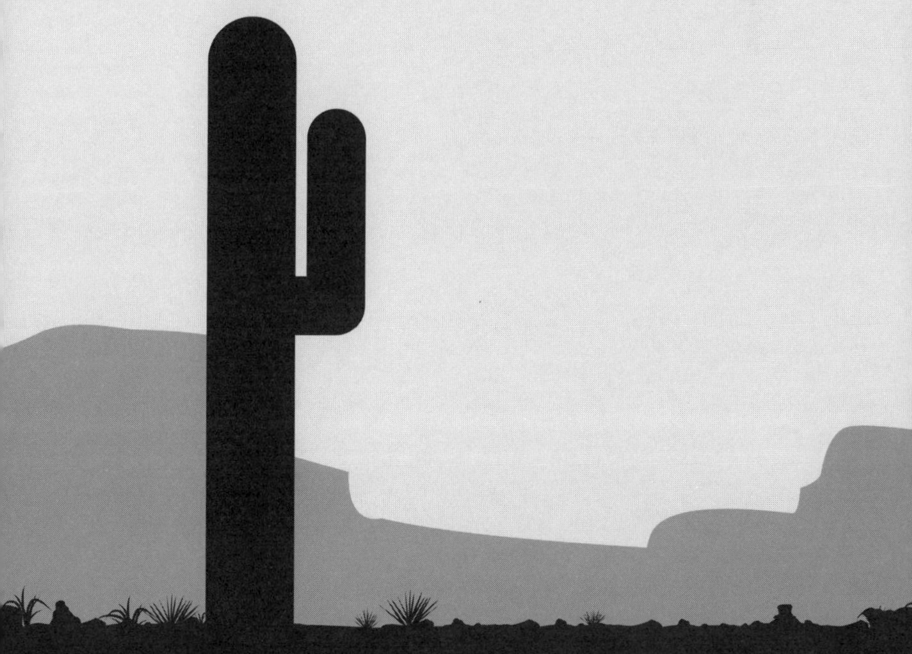

4장 서부극을 뒤집다

위기의 시대, 서부극

앞에서 본 〈소돔과 고모라〉 이후 레오네는 몇 편의 시나리오 작업에 참여했으나 거의 실업 상태로 놀고 있었다. 당시 이탈리아 영화계 사람들이 대부분 그렇게 지냈으니 특별히 이상할 것은 없었다. 게다가 1963년 영화계는 과거에 없었던 엄청난 불황에 직면했다. 〈소돔과 고모라〉와 〈클레오파트라〉(Cleopatra, 1963)가 실패로 끝나자 미국 자본이 이탈리아를 떠난 것도 이에 한몫했다. 엘리자베스 테일러와 리처드 버튼이 나온 〈클레오파트라〉가 한국에서는 상당히 유명하여 몇 번이나 영화관과 텔레비전 등에서 상영되었지만, 개봉 당시 세계적으로는 적자를 면치 못한 작품이었다. 신문에서도 연일 영화산업의 위기가 회자되었다. 그야말로 절망의 시절이었다.

레오네로서는 획기적인 전환이 필요했다. 그런 가

운데 1963년 말 구로사와 아키라의 〈요짐보〉를 보고 그는 깊이 감동한다. 자신이 정말 만들고 싶었던 영화라고 생각하며 이것을 바로 서부극으로 바꿔보겠다고 마음먹는다. 그는 〈요짐보〉의 스토리가 원래 미국 소설가 대실 해밋(Dashiell Hammett, 1894~1961)의 『붉은 수확』(Red Harvest, 1929)이니 서부극으로 만드는 데 아무 문제가 없을 거라고 여겼다. 그래서 동료들에게 전화를 걸어 그 영화를 꼭 보라고 권했다. 구로사와는 〈요짐보〉가 〈세인〉을 비롯한 서부극에서 아이디어를 가져왔다는 사실을 인정했으나 해밋의 영향은 단호히 부정했다. 그러나 『붉은 수확』은 1961년에 제작된 〈요짐보〉보다 8년이나 빠른 1953년부터 네 번이나[*] 일본어로 번역되었던 터였으므로 그 영향력을 부정하는 데엔 의문이다.

당시 독일에서도 서부극을 만들었다. 독일 소설가 카를 마이(Karl May, 1842~1912)가 쓴 서부소설 『위네토우』(Winnetou) 시리즈를 영화화한 최초의 작품인 〈질버

---

[*] 1차 赤い収穫 (砧一郎訳、早川書房、1953年)
2차 血の収穫 (田中西二郎訳、東京創元社 (世界推理小説全集)、1956年) のち文庫
3차 血の収穫 (能島武文訳、新潮文庫、1960年)
4차 血の収穫 (河野一郎訳、中央公論社 (世界推理名作全集)、1960年)

호수의 보물〉(Der Schatz im Silbersee)은 1962년에 제작되었다. 마이는 독일에서는 19세기 후반부터 지금까지 성서 다음으로 많이 팔린 베스트셀러 작가로 그의 작품은 수십 개국 언어로 번역되었지만 소위 고급문학만 번역하는 경향이 있는 한국 독문학계에서는 전혀 소개하지 않아 우리는 쉽게 읽지 못한다.

가난한 집에서 태어난 마이는 교사로 일했으나 경범죄로 감옥에 갇혀 수감생활 중 꾸준히 독서를 하면서 서부극을 쓰는 작가가 되었고 작품세계는 이후 다른 나라로 확대되었다. 그 후 세계여행을 한 뒤 당시의 제국주의와 식민지주의에 반대하고 평화주의를 주장하여 진보적인 지식인과 작가들의 환영을 받았다. 〈질버 호수의 보물〉은 독일계 개척자인 올드 샤트한트(Old Shatterhand)와 아파치족 추장인 위네토우를 주인공으로 한 작품이다. 마이의 원작에는 기독교도 간의 우애, 에콜로지, 인디언 국가의 문화적 쇠퇴, 그리고 니체적인 초인의 바람직한 행동 등에 대한 묘사가 나오지만, 영화는 유머와 액션 위주로 만들어졌다. 이어 제2작인 〈대추장 위네토우〉(1963)가 나오고 제3작에는 미국 배우 스튜어트 그렌저가 주연으로 기용되었는데 그 뒤에 많은 국제적인 배우들이 주연을 맡았다. 이어 다양한 서부극이 독일에서 제작되었다. 위네토우 영화가 이탈리아와 스페인에서 성공하자 그곳 투자가들도 서부극을 만들 생각을 하게 된다.

당시 스페인은 마드리드 교외 20킬로미터 지점인 라스 마타스(Las Matas)의 광대한 부지에 영화 〈엘 시드〉(El Cid, 1961)를 찍기 위한 대성당과 〈북경의 55일〉(55 Days at Peking, 1963) 촬영을 위한 서태후의 궁전과 만리장성을 세웠고, 그 곁에는 〈로마제국의 멸망〉(The Fall of the Roman Empire, 1964)에 사용하고자 고대 로마의 공회광장을 만들었다. 당시엔 스페인에도 영화 관련 기술자들이 많았고, 실제로 몇 편의 서부극이 제작되기도 했다. 이탈리아에서도 서부극이 만들어졌다.

반면 할리우드에서는 서부극 제작이 쇠퇴하고 있었다. 미국 서부극의 비율은 1950년에는 34퍼센트였으나 1963년에는 9퍼센트로 격감했다. 150편이 15편으로 준 것이다. 당시 서부극은 존 웨인이 아직 말을 타고 있다는 것을 보여주는 정도의 수준으로 현실과는 완전히 동떨어진 묘사가 주를 이루는 상황이었다. 그러다가 1960년 존 스타지스(John Sturges, 1910~1992)가 구로사와

아키라 감독의 1954년작 〈7인의 사무라이〉(七人の侍)를 리메이크한 〈황야의 7인〉(The Magnificent Seven, 1960)을 만들면서 다시 한번 기지개를 켠다. 레오네도 그 두 영화를 보고 영향을 받았다.

<황야의 무법자>의 줄거리

19세기 말, 한 이름 없는 사내가 서부 국경의 작은 마을 산 미구엘(San Miguel)에 나타난다. 마을은 상당히 크지만 영화에서는 초반에 집 안으로 숨는 여성들만 보여줄 뿐이고 그 뒤로 다른 마을 사람들은 전혀 나타나지 않고 대적하는 두 집안의 사람들만 나와서 좀 이상하다는 느낌을 준다.

사내는 그곳 술집에서 주인 살바니토에게 무기 밀매를 하는 벡스터(Baxter)파와 밀주를 거래하는 로호(Rojos)파가 세력다툼을 벌인다는 이야기를 듣는다. 다른 사람들처럼 죽거나 도망치는 대신 두 패거리 사이에서 이득을 취하고자 한 사내는 로호파를 찾아가 총잡이로 고용된다. 그는 로호파의 악당인 라몬이 무기를

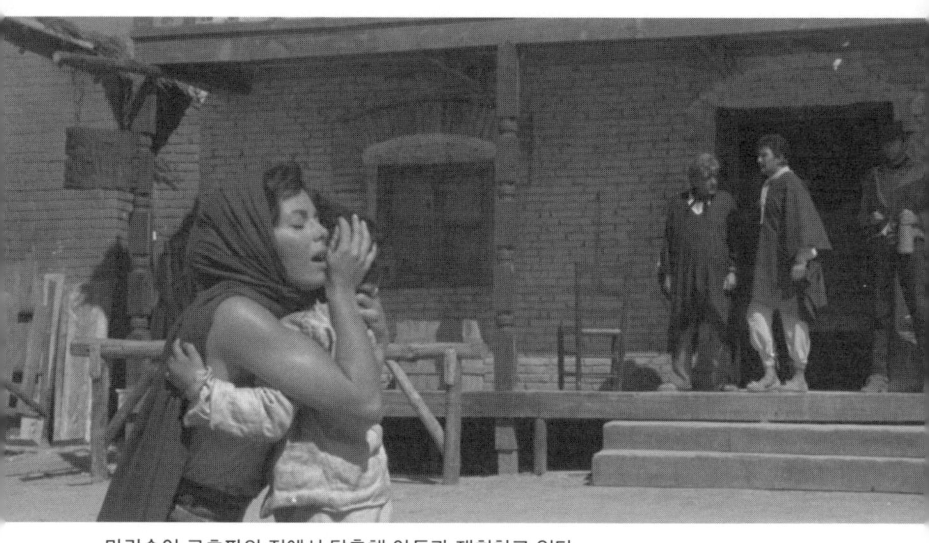

마리솔이 로호파의 집에서 탈출해 아들과 재회하고 있다.

팔겠다고 속여 멕시코군 기마 수송대를 유인하여 죽이고 기마대의 금을 훔쳐내는 현장을 목격한다. 그리고 기마대 군인 시체 2구를 살아있는 것으로 위장하여 그곳으로 로호파와 벡스터파를 유인해 서로 싸우게 만든다.

한편 악당인 라몬의 총애를 받은 마리솔(Marisol)은 강제로 남편(Julio)과 아들(Jesus)로부터 떨어져 로호파의 집에 갇혀 지낸다. 사내는 마리솔을 딱하게 여겨 로호파와 벡스터파가 싸우는 틈을 타 그녀를 탈출시키고 가족과 함께 마을을 떠나도록 돕는다. 마리솔이 왜 자기

들을 돕느냐고 묻자 사내는 "언젠가 비슷한 경우를 보
았는데 그때 그곳엔 그들을 도와줄 사람이 아무도 없었
소"라고 답한다.

그러나 그의 행각은 곧 라몬에게 발각되어 모진 고
문을 당하게 되지만, 사내는 끝까지 마리솔의 행방을
밝히지 않는다. 우여곡절 끝에 기지를 발휘해 겨우 라
몬의 소굴을 탈출한 사내는 관 짜는 노인의 도움으로
관 속에 숨어 간신히 마을을 빠져나와 복수를 준비하
고, 라몬은 그를 찾아내려고 혈안이 된다.

라몬은 사내가 벡스터파의 집에 숨어 있을 것으로
생각해 밤에 벡스터파를 기습 공격해 일당을 모두 죽인
뒤 사내의 친구인 술집 주인 살바니토를 잡아 그의 행
방을 대라고 고문한다. 겨우 몸을 회복한 사나이는 마
을에 나타나 로호파를 소탕하고 라몬과의 일대일 대결
에서 승리한다.

<황야의 무법자>의 특징

영화는 마을의 두 세력 사이에 위치했던 주인공이

결국은 미국과 멕시코의 중간에 서게 된 것과 같다는 이야기로 끝난다. 그래서 그 이야기가 미국과 멕시코의 갈등을 다룬 것임을 알게 된다.

미국과 멕시코는 텍사스를 둘러싸고 1846년에 전쟁을 치렀는데, 1848년 멕시코가 패배함으로로써 텍사스주, 뉴멕시코주, 캘리포니아주가 미국으로 넘어간다. 멕시코가 리오브라보강 이북의 영토를 상실한 것이다. 이어 1861년 남북전쟁 발발과 함께 프랑스 제2제국의 나폴레옹 3세가 멕시코에 프랑스 괴뢰 정권인 멕시코 제2제국을 세우고 막시밀리아노 1세를 황제로 취임시킨다. 그 뒤 미국의 지원을 받은 멕시코는 프랑스군과 싸워 1866년에 주권을 회복하고 1867년에 막시밀리아노 1세를 총살하지만, 1876년 포르피리오 디아스가 쿠데타를 일으켜 30년 이상 강압적인 독재를 펼친다. 다음 마네의 그림에 나오는 황제 참살 전후가 바로 〈황야의 무법자〉 시대이다.

레오네는 자신이 만든 서부극 이전의 서부극에서는 늘 여성이 등장했지만 자신의 서부극에서는 여성을 배제했다는 점, 이전 서부극에선 주인공이 항상 긍정적인 성격으로 묘사되어 폭력장면이 거의 없고, 따라서 리

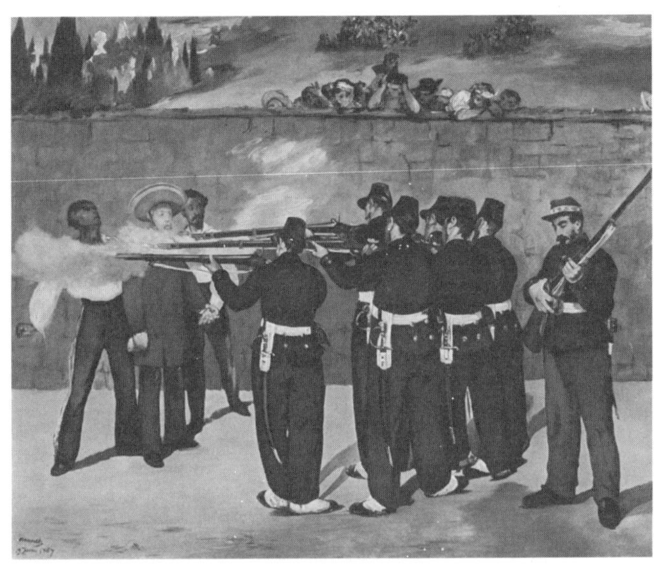

에두아르 마네는 〈막시밀리아노 1세의 총살〉을 그리면서
프랑스 정부를 비꼬았다.

얼리즘이 부족했지만 자신의 서부극에서는 리얼리즘을
살렸다는 점, 과거 서부극에는 주인공들이 모두 패션모
델 같은 선남선녀였지만 자신의 서부극에서는 지저분하
고 인간적인 복장을 하도록 연출했다는 점, 그리고 이전
의 서부극에서는 주인공들이 폭력에 쉽게 휘말리고 또
쉽게 적응하는 모습을 그렸는데 자신의 서부극에서는
그렇지 않은 점들에서 차이가 난다고 주장했다.

　막상 〈황야의 무법자〉가 공개되자 비평가들은 그

영화와 정통 서부극과의 차이를 다음과 같이 설명했다. 즉 주인공의 복장과 성격, 세트나 소도구나 스페인의 건조한 촬영 장소, 음악과 음향, 처절한 폭력, 액션으로 가득 찬 소란스러운 클라이맥스의 연속, 아이러니와 초현실주의에의 지향, 그리고 비틀어진 유머가 특징이다. 그러나 무엇보다도 큰 차이는 미국 사회를 방해하는 악을 무찌른다는 이데올로기를 공동체를 수호하는 영웅의 이야기로 엮은 것이 아니라 반영웅의 환멸만 존재하는 것으로 그렸다.

<요짐보>와의 차이

좌파인 레오네와 달리 우파인 구로사와 아키라는 1951년 사무라이가 주인공인 영화 〈라쇼몽〉(羅生門, 1950)으로 베니스 국제영화제에서 대상을 수상하여 서양에서 유명해졌다. 사무라이 영화는 2차대전이 끝난 1945년 이후 "국가주의, 애국주의, 봉건적 충성심을 예찬하는" 영화는 물론이고 "복수에 관한 것, 자살을 긍정적으로 평가하는 것, 잔인무도한 폭력 등"을 표현하는 영화를 금지한 미군 점령 당국에 의해 상당한 규제를 받다가 검열 규정이 폐지된 1952년 이후 부활했다. 구로사와가 1954년과 1961년에 각각 만든 〈7인의 사무라이〉와 〈요짐보〉가 그 대표작들이다. 이 두 작품은 전통적인 봉건적 충성심 예찬의 사무라이 영화가 아니라, 19세기 후반 일본이 급속하게 서양화되어 가는 과정에서 사무라이라는 정체성을 잃은 자들을 묘사한 영화다. 그러나 복수나 폭력을 강조한 점은 전통 사무라이 영화와 크게 다르지 않았다.

〈황야의 무법자〉는 〈요짐보〉의 영향을 받았다. 문제는 그 영향력이 어느 정도였느냐 하는 점이다. 아키라는 '거의 전부'라고 말하고, 레오네는 '아주 조금'이라고 말한다. 레오네는 〈요짐보〉가 대실 해밋의 『붉은 수확』에다 일본적 요소를 더했는데, 자기는 그런 요소를 제거하고 순수한 서부극으로 만들었다고 주장했다. 그러나 구로사와는 〈요짐보〉가 『붉은 수확』의 영향을 받았다는 것을 인정하지 않았다. 그런 것을 보면 레오네가 〈요짐보〉의 영향을 조금이라도 받았다고 한 것은 구로사와보다는 더 양심적인 이야기라고 할 수 있을지 모른다. 여하튼 레오네는 구로사와에게 미리 리메이크하겠

다는 이야기를 했지만 구로사와가 응하지 않자 사전 승
인 없이 영화를 만들었다. 그 뒤에 구로사와는 〈황야의
무법자〉 동아시아 배급권을 받아서 엄청난 이익을 올렸
다. 어쩌면 구로사와는 영화인 사이의 예의보다는 돈을
더 중시한 자가 아니었을까? 그 자신 수많은 서양 고전
들을 자신의 작품으로 만들지 않았던가? 물론 그 고전
들의 저작권은 이미 사라졌지만 말이다.

　〈요짐보〉와 〈황야의 무법자〉는 두 작품 모두 서부
극의 영향을 받았다. 어디에선가 이방인이 왔다가 마지
막에 어딘가로 가버리는 플롯은 〈셰인〉의 그것이다. 주
인공에게 이름이 없거나 무의미한 점, 마을을 두 개의
세력이 다투면서 지배하고 있는 설정도 같다. 〈요짐보〉
나 〈황야의 무법자〉나 19세기(이정국은 『구로사와 아키라의
영화세계』(서해문집) 182쪽에서 16세기라고 하지만 오타일 것이다)
후반을 시대적 배경으로 하는 점에서 같지만 역사적 배
경은 다르다. 사무라이나 서부의 총잡이나 정통의 정체
성을 상실한 점은 동일하지만 사무라이가 지배계급에
속하는 반면 총잡이는 피지배계급에 속하는 점에서 서
로 다르다. 사무라이는 그 직업의 속성이 귀인의 경호이
지만 총잡이에게는 그런 속성이 없다. 물론 〈요짐보〉의

사무라이는 주인을 잃은 로닌으로 특별한 직업 없이 유랑하는 자로 나오는 반면, 총잡이는 남북전쟁에 참여한 군인 출신으로 보이기도 하지만 그 점은 분명하지 않다.

〈요짐보〉와 〈황야의 무법자〉에는 완전히 다른 점도 많다. 우선 첫 장면부터 다르다. 〈요짐보〉에서는 정처 없이 떠다니는 사무라이와 대립적인 가치관을 지닌 부자를 통해 시대의 변화를 보여주지만, 〈황야의 무법자〉에는 그런 점이 전혀 없다. 배경이 일본 시골과 멕시코 국경인 점도 다르다. 칼을 휘두르는 사무라이는 총을 든 이방인으로 바뀌었다. 또 〈요짐보〉의 핵심인 관료(関八州)나 대립하는 가문 각각의 내부에 있는 계급은 〈황야의 무법자〉에는 없고 대신 돈에 죽고 사는 부패한 세계가 등장한다. 〈황야의 무법자〉는 그리스연극의 합창(미친 종지기 호안 디 디스)으로 시작하여 시체가 흩어진 마지막 무대로 끝나는 고전극의 형태를 취한다. 무대 위에서 인형을 조종한다는 발상은 레오네가 어려서부터 익힌 이탈리아 인형극에서 비롯된 것이다.

〈요짐보〉와 달리 〈황야의 무법자〉에는 신약성서와 관련된 내용도 많이 보인다. 주인공은 예루살렘에 오는 예수처럼 비루한 노새를 타고 마을에 도착하고, 술집

밖 나무 간판 십자가에 매달린다. 그는 로호 일가의 '최후의 만찬'에 참석하고, 부활하기도 한다. 십자가, 묘지, 관이 자주 등장한다. 레오네는 주인공을 살육의 천사인 가브리엘에 비유했다. 게다가 카니발적 요소도 많다. 주인공이 사기꾼이고, 먹고 마시는 장면이 상세하게 그려지고, 죽음을 조롱하고, 원주민들의 행동이 과장되고, 도둑들의 얼굴이 그로테스크한 점 등등이다. 그러나 무엇보다도 성모 일가처럼 마리솔 일가를 묘사한 것은 〈요짐보〉에서는 찾아볼 수 없는 점이다. 더구나 마리솔 아들의 이름도 예수이다.

〈요짐보〉보다는 〈황야의 무법자〉에 미국 서부극을 연상하게 하는 장면이 더 많다. 레오네는 〈셰인〉의 주인공 앨런 래드(Alan Walbridge Ladd, 1913~1964)가 아니라 그가 의미하는 '추상적 존재, 인간의 형태를 띤 신화'라는 점을 좋아했고, 캐릭터로는 래드보다 검은 모자를 눌러쓰고 한 손에 검은 장갑을 끼고 천천히 그러나 엄격하게 말을 내리는 잭 파란스(Jack Palance, 1919~2006)가 연기한 악역 윌슨을 더 좋아했다. 그 밖에도 레오네는 그가 좋아하는 많은 서부극의 요소를 첨가함으로써 〈요짐보〉와 다른 영화를 만들었다. 레오네가 〈황야의 무법자〉는

〈요짐보〉를 따라 한 것이 아니라 자신의 해석에 의해 새
롭게 만든 영화라고 주장한 배경이다.

대실 해밋

〈요짐보〉가 해밋의 『붉은 수확』을 표절했다거
나 18세기 이탈리아의 카를로 골도니(Carlo Goldoni,
1707~1793)의 연극 〈두 주인을 섬기는 하인〉(Il servitore di
due padroni, The Servant of Two Masters, 1746)에 기초했다
는 주장은 그간 계속 제기되어왔다. 『붉은 수확』이 광
산 도시에서 막강한 권력을 휘두르는 암흑가 조직들 사
이를 오가며 이간질로 두 집단을 파괴하는 사립 탐정의
이야기라서 〈요짐보〉와 유사한 구조라 판단되는 탓이
다. 그러나 구로사와는 해밋의 『유리 열쇠』(The Glass Key,
1931)를 스튜어트 헤이슬러(Stuart Heisler, 1896~1979) 감
독이 영화화한 동명의 1942년 영화에서 영향을 받았다
고 말했다. 해밋이 1930년에 쓴 『몰타의 매』(The Maltese
Falcon, 1930)는 하드보일드 소설의 효시로 불리는데 이
작품은 1941년 존 휴스턴(John Huston, 1906~1987) 감독에

의해 영화화되었다.

해밋을 비롯한 탐정소설가들은 문학사에서 제외되는 경향이 있다. 탐정영화 등이 대중물이라는 이유에서 영화사에서 제외되듯 말이다. 그러나 독자들의 수를 감안하면 탐정소설 같은 대중소설의 인기는 엄청나고, 특히 미국의 탐정소설은 미국 문학의 새로운 원동력이 되었다는 점을 무시할 수 없다. 미국 탐정소설의 역사는 19세기부터 시작되지만 20세기에 해밋 등에 의한 탐정소설의 '민주화' 이후 본격적으로 대두했다. 해밋은 간결하고 역동적인 미국식 구어로 탐정소설의 새로운 문체를 창조하는 한편 '하드보일드'의 기초를 닦았다.

1894년 볼티모어 부근의 가난한 가정에서 태어난 해밋은 13살에 학교를 중퇴한 뒤 여러 직업을 전전하면서 독서광으로 소설을 썼다. 1929년의 『붉은 수확』, 1930년의 『몰타의 매』를 위시하여 1934년의 『그림자 없는 남자』(The Thin Man, 1934)까지 그는 전성기를 누렸다. 1930년대에 반파시스트 운동을 하면서 1937년 미국 공산당에 가입하고 반전운동을 벌였다. 2차대전이 터지자 미 육군에 지원해 군대신문 편집에 종사했고 전후에는 다시 정치활동을 계속해 매카시 선풍에 휘말렸으나 협조를 거부하여 작품들이 블랙리스트에 올랐다.

『붉은 수확』은 콘티넨탈 탐정사 샌프란시스코지사의 콘티넨탈 오프(Continental Op, 본명이 아니고 본명은 밝혀지지 않는다)가 프슨빌(Personville, 주민들은 Poisonville이라고 한다)이라는 광산촌에서 벌어진 폭력에 대해 독으로 독을 제압하는 방식으로 분쇄한다는 이야기이다. 해밋의 특기인 서정을 배제하고 오프가 일인칭으로 말하는 대화나 인물 묘사는 탐정소설에 리얼리즘을 가져온 것으로 평가된다. 그래서 하드보일드 소설의 효시라고 불리는 이 작품은 많은 작가와 영화감독에게 영향을 주었다.

클린트 이스트우드

〈황야의 무법자〉를 필두로 한 3편의 서부극 영화로 클린트 이스트우드는 세계적 배우로 우뚝 서게 되고, 역사상 가장 유명한 총잡이가 된다. 영화에 출연하기 전부터 이스트우드는 〈요짐보〉를 보고 구로사와를 좋아해서 레오네가 보낸 각본을 마음에 들어하지 않았지만 출연에는 동의했다. 그가 받은 출연료는 당시 텔레비

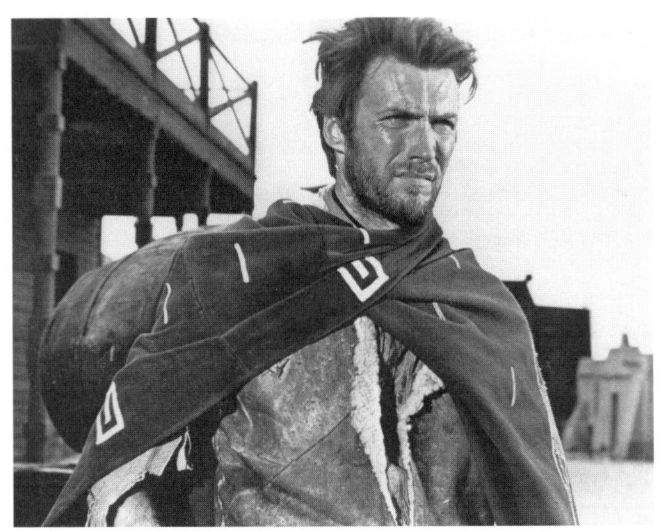

〈황야의 무법자〉에 출연한 클린트 이스트우드.

전 서부극인 〈로하이드〉(Rawhide)의 1회 홍보 투어 출연료에 불과했지만, 〈로하이드〉의 평범한 역할에 질렸던 그는 〈황야의 무법자〉에 나오는 안티 히어로 캐릭터를 마음에 들어 했다.

이스트우드는 〈로하이드〉에서 사용한 소품을 〈황야의 무법자〉에서도 그대로 사용하고 싶어 했지만, 레오네는 가장자리에 술이 달린 스페인 판초를 그에게 입혔다. 미신을 믿는 이스트우드는 레오네와 서부극 세 편을 촬영하는 동안 내내 그 판초를 사용하면서 세탁을

하지 않았다고 한다(엘리엇 113). 레오네는 또한 이스트우드에게 수염을 기르게 했고 시가를 물렸다.

그런데 주인공의 특이한 모습 외에 그가 연기라고 보여준 것은 별로 없어서 영화가 개봉된 뒤 시종일관 같은 표정을 우려먹는다는 비판까지 나왔다. 영화에서 가장 기억에 남는 장면은 예고편의 반을 차지하는 마지막 장면이다. 먼지 속에서 등장한 이스트우드가 라몬의 총에 여러 번 맞았는데도 죽지 않는 그 장면 말이다(비밀은 그가 배를 쇠판으로 가렸다는 데 있다).

〈황야의 무법자〉는 미국에서 1967년 초에 개봉되었다. 폭력 장면 문제로 유럽보다 개봉이 3년이 늦어졌는데, 혹평이 쏟아졌음에도 불구하고 개봉 첫날부터 흥행에 성공했다.

〈황야의 무법자〉의 정치학

〈황야의 무법자〉가 발표된 1964년은 경제 호황이 정점을 넘어서고 생산 성장과 내부 이주로 인해 오래된 라이프 스타일이 해체되는 시기였다. 당시 아직 후진국이었던 한국보다는 더 빨리 서양에서 그러한 변화가 나타났지만, 1960년대 서양도 전반적으로 농업사회가 공업사회로 넘어가면서 전통적인 가족구조를 비롯한 오랜 사회전통이 무너지기 시작하는 시점에 있었다.

〈황야의 무법자〉는 서구의 전통을 반영하여 성서, 그리스 비극, 매너리즘 문학, 고전 서사시의 영역에 깊이 뿌리를 두었다. 가령 무명인이라는 뜻의 '노바디'는 원래 호메로스의 서사시 「오디세이」에 나오는 말이다. 「오디세이」의 주인공 오디세우스는 트로이 전쟁을 승리로 이끌고 고향인 이타카로 귀환하는 10년 동안 여러 가지 모험을 한다. 키클롭스라고 하는 외눈박이 거인들이 사는 섬에 당도했을 때 폴리페모스라고 하는 거인에게 붙잡혀 끼니때마다 한 명씩 잡아먹히게 되자 오디세우스는 포도주를 폴리페모스에게 먹인다. 괴물이 오디세우스에게 이름을 묻자 오디세우스는 '우푸스' 즉, '노바디'라고 대답한다.

〈황야의 무법자〉에서는 클린트 이스트우드가 노바디이다. 그가 분장한 새로운 안티 히어로의 특징은 3일 동안 깎지 않은 수염, 꽉 끼는 낡은 청바지, 판초, 모자, 양가죽 조끼, 갈색 스웨이드 부츠, 클래식 시가 등이다.

그리고 그 성격의 핵심은 냉소주의는 아니지만 무감각
과 무관심, 그리고 나태함을 동반한 일종의 과소주의적
표현이다. 그는 이러한 특성을 이탈리아 스타일의 로마
에 기반하는 코미디의 많은 주역과 공유한다. 그러나 이
탈리아식 코미디의 등장인물과 달리, 이름 없는 남자는
영원한 실존적 이방인이다. 그는 사회 집단에 통합되기
를 원하지 않기 때문에 어느 한곳에 머물거나 공동체의
일원이 되기엔 적합하지 않다.

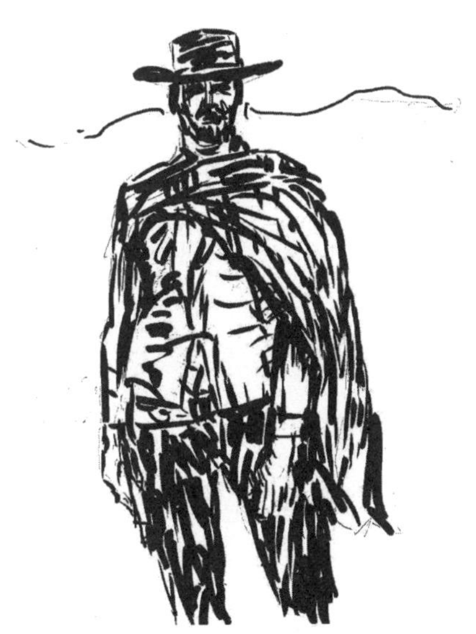

안티 히어로 특징을 보여주는 클린트 이스트우드(ⓒ박홍규).

　레오네의 첫 번째 서부극에서 이름 없는 남자는 두 세력 사이의 중간적 존재로 나온다. 따라서 주인공은 사회적, 경제적, 이념적인 당파에 반대하는 개인적 반항의 상징이라고 할 수 있다. 이름 없는 남자는 양 세력 모두에게 자신의 편이 된다는 착각을 하게 만들어 자신을 '돈 몇 푼'에 팔아넘기는 게임을 한다. 그러나 그는 술과 무기 밀매에 걸리지 않고 항상 독립을 유지하면서 '달러'라는 단어가 영화 제목에서 강조하는 것처럼 이익만을 기반으로 한 자본주의 시스템의 명확한 내부자이자 외부자로 남는다.

　많은 비평가가 주인공이 기독교적 이미지 안에 있는 것처럼 보이는 수많은 요소의 힘에 대해 논하며 실제로 종교적 의미를 강조했다. 많은 장면 중, 그가 노새를 타고 나타날 때(예수가 예루살렘에 들어가는 것을 떠올리게 하는) 영화의 시작 부분에 마을에 도착했거나, 로조 가족의 '최후의 만찬'에 참여하거나, 주인공에 대한 고문 장면이 그러하다. 무덤 동굴에서 추방되어 승리하는 '부활'의 이미지나 주현절(Epiphany)의 형태로 이스트우드가 마치 먼지구름에 싸인 죽음에서 돌아온 사람처럼 메인스트리트에 나타나는 장면도 마찬가지다. 그러나 무엇보다도 라몬에게 포로로 잡힌 여인 마리솔이 그녀의 '거룩한 가족'인 남편 줄리안과 아들 예수와 재결합하는 데 필요한 돈을 주어 상상의 이집트로 도망치게 하는 모습은 그가 선한 사마리아인처럼 보이게 하는 효과를 낳는다.

따라서 그를 다른 관점에서 바라보면 레오네의 주인공은 독일 소설가 에른스트 윙거(Ernst Jünger, 1895~1998)의 소설 『유메스빌』(Eumeswil, 1977)의 주인공인 아나크(Anarch)나 프리드리히 니체(Friedrich Nietzsche, 1844~1900)의 초인(Übermensch)과 같이 지상의 것들에 대해 우월한 위치에 있는 강력한 주관성을 가지고 있다. 아나크는 복잡한 사회 속에서가 아니라 조용하고 냉정하게 살아가는 내적으로 자유로운 개인, 주권적 개인을 표상한다. 독일의 에고이스트 아나키즘의 선구자인 막스 슈티르너(Max Stirner, 1806~1856)의 유일자(Der Einzige)라는 개념의 영향을 받은 윙거는 극한의 상황을 불굴의 의지로 극복하는 영웅적 투쟁의 모습을 그려냈기 때문에 '영웅적 리얼리즘(Heroic realism)'의 작가로 여겨진다. 윙거가 그린 아나크의 선배로 보이는 니체의 초인도 그런 점에서는 긍정적으로 보일 수 있지만, 그것이 전쟁

찬양으로 치닫는 경우에는 위험하다. 그러나 레오네의
〈황야의 무법자〉에 나오는 노바디는 전쟁을 찬양하는
영웅이 아니다.

속편의 제작

〈황야의 무법자〉가 성공하자 그 속편 제작을 기대
하는 사람들의 목소리가 높았지만, 레오네는 그런 유
혹을 물리치고 그가 어려서 쓴 최초의 시나리오를 영
화로 만들고자 했다. 그러나 그러한 청춘영화에 돈을
댈 투자자는 없었다. 레오네는 프리츠 랑("Fritz" Lang,
1890~1976)의 〈M〉(1931)을 리메이크할 생각도 했다. 당
시 성격파 연극배우로 유명했던 크라우스 킨스키(Klaus
Kinski, 1926~1991)를 주인공인 영아연쇄살인범으로 출연
시킨다는 계획도 세웠다. 그 밖에도 여러 가지를 모색했
지만, 결국 속편 제작으로 돌아왔다. 레오네는 먼저 구
로사와와의 분쟁을 해결해야 했다. 레오네는 새로운 제
작사를 찾아 영화 촬영을 시작했다.
클린트 이스트우드의 출연은 처음부터 예정한 것

이었다. 〈황야의 무법자〉에서 볼론테가 연기한 라몬
은 죽었지만 레오네는 다시 볼론테를 기용했다. 그를
쫓는 대령 출신 50대 총잡이로는 리 마빈(Lee Marvin,
1924~1987)을 기용하려 했지만 출연료 문제로 섭외가 무
산되고, 대신 당시 무명이었던 리 반 클리프가 역을 맡
게 된다. 그렇게 캐스팅된 세 사람이 벌이는 삼각구도
대결은 극적 긴장감을 더욱 높여 개봉하자마자 〈황야
의 무법자〉보다 더 큰 센세이션을 불러일으켰다(엘리엇
121).

　　〈황야의 무법자〉가 〈셰인〉의 영향을 받았다면 〈석
양의 무법자〉는 〈베라크루스〉의 영향을 받았다. 〈베라
크루스〉의 주인공은 인생 경험이 풍부하고 교양이 있
는 남군 소령 게리 쿠퍼와 혈기 왕성한 사기꾼 버트 랑
카스터("Burt" Lancaster, 1913~1994)로서 그들은 세대 갈등
을 보여준다. 또한 1860년대 멕시코 혁명군의 점령지를,
맥시밀리안 황제의 황금을 호송하기 위해 손을 잡은 대
조적인 두 주인공을 중심으로 의외의 방향으로 전개되
는 이야기와 그 배경(선인장과 십자가), 시니시즘 등도 유
사하다. 그 밖에 헨리 킹(Henry King, 1886~1982)의 〈무뢰
한〉(The Bravados, 1958)도 영향을 주었다. 그레고리 펙이

4명의 가족 살해범을 죽일 때마다 아내의 사진과 회중
시계를 보여주는 장면이 그렇다.

〈석양의 무법자〉에 나오는 50대 대령은 교양 있는
사람이지만, 30대는 돈에만 관심이 있는 로봇 같은 사
람으로 계획적으로 주의 깊게 행동한다. 클린트 이스트
우트가 〈황야의 무법자〉에서 보여준 모습 그대로 〈석양
의 무법자〉에 등장하는 점도 속편의 특성이라 할 수 있
지만, 전편에서는 뜨내기 역이었다면 속편에서는 현상
금을 쫓는 총잡이로 완전히 역할이 달라진다. 이 점은
속편이라고 보기 어렵다는 데 힘을 보탠다. 볼론테도 전
편의 동네 패거리 두목과 달리 전문 갱이자 산적이자 마
약 중독으로 금단 증상에 고통을 겪는 자로 탈바꿈한
다. 마리화나를 피우면서 그는 대령의 여동생을 죽인
일을 회상한다.

〈석양의 무법자〉의 줄거리

영화는 마차에서 성경을 읽던 자가 무단으로 열차
를 세우는 장면으로 시작한다. 그는 육군 대령인 몰티

머(리 반 클리프 분)로 현상금 사냥꾼이다. 이름을 알 수 없는 차갑고 냉정한 총잡이인 '이름 없는 자'(클린트 이스트우드 분)도 현상금을 목적으로 온다. 감옥을 탈출한 산적 두목이자 은행 강도인 현상범 엘 인디오(잔 마리아 볼론테 분)는 부하들과 함께 살인과 강탈을 일삼고 다닌다. 회중시계와 뮤직박스에 병적인 집착을 보이는 그는 누군가를 죽일 때마다 회중시계를 꺼내 보는 버릇이 있다. 대령은 자기 누이를 죽인 인디오를 죽이려 하고 이름 없는 자는 그를 잡아 돈을 타내려고 한다.

인디오가 엘파소의 은행을 털 것이라는 직감이 들자 두 명의 총잡이는 그곳에 들른다. 이들은 서로를 믿지 않으나 보다 효과적으로 인디오를 잡기 위해 '이름 없는 자'가 악당과 한패가 된 것처럼 가장해 그들의 비밀 소굴로 쳐들어가 인디오를 사로잡는다는 기막힌 음모를 꾸민다. 그러나 계획처럼 일이 순조롭게 진행되지 않자 서로를 의심하기 시작한다. 이후 몰티머는 가족의 복수를 한 뒤 석양 속으로 사라지고 이름 없는 자는 현상금을 손에 쥔다.

마크 트웨인

〈황야의 무법자〉와 〈석양의 무법자〉를 준비하면서 레오네는 네바다 주변의 광산촌을 취재한 마크 트웨인(Mark Twain, 1835~1910)의 작품 『러핑 잇』(Roughing It, 1872. 우리말 번역은 김재신 옮김, 『유랑』, 중명출판사, 2001)을 비롯하여 서부개척 시대의 여러 문헌을 참고했다. 당시 네바다는 일종의 자치지역인 준주(territory)로 불렸고 1864년에야 36번째 주로 승격되었다. 준주 서기관은 새뮤얼 클레멘스(Samuel Langhorne Clemens, 마크 트웨인의 본명)의 형인 오리온 클레멘스였다.

『러핑 잇』의 주인공은 무법자인 잭 슬레이드 대위다. 그는 1860년대 초에 오버랜드 스테이지 회사에 고용되어 콜로라도주의 줄스버그에서 유타주의 솔트레이크시티까지 마차와 가축을 무사히 운반하는 임무를 맡고서, 스스로 판사이자 배심원이고 사형집행인으로 고용인만이 아니라 이름 없는 이민들을 위해서 정의를 위해 일했다고 트웨인은 찬양한다.

트웨인은 무법자를 비판하면서도 다른 한편으로는 비겁한 대중을 비난하며 무법자를 동정한다. 당시 서부는 무법자와 탈법자의 천지였기 때문에 질서를 잡기 위해서는 같은 무력을 수단으로 할 수밖에 없었다는 데 화자 마크 트웨인은 공감하고 있다. 슬레이드는 직접 무법자들을 처형하면서 대항하는 자는 끝까지 추적하여 잔인하게 살해하면서 이 지역에 질서를 잡지만, 자신도 그런 무법자의 행동을 반복한다. 결국 질서가 잡혀가면서 법체계가 자리를 잡자 더는 무력에 의한 지배를 허용하지 않게 되고 슬레이드는 판사의 영장을 갈기갈기 찢어 밟아버린 일로 체포되어 처형된다.

슬레이드에 대한 평가는 다양하다. 평상시에 그를 보면 평범한 남자이고 정중한 신사이지만, 술에 취해 무법자들과 같이 있으면 '악의 화신'으로 보인다고 트웨인은 기록한다. 슬레이드를 우연히 만났을 때 그는 마지막 남은 커피를 트웨인에게 양보한다. 트웨인은 커피를 마시면서 슬레이드가 커피를 빼앗긴 것에 유감스러워하며 커피를 절도당했다는 생각을 바로잡기 위해 절차에 따라 자신을 죽이지나 않을까 불안해한다. 그러나 교수대에 서 있는 그의 모습은 여느 사람과 다를 바가 없다. 그는 울고 기도하면서 "하느님, 하느님! 제가 죽어야만 합니까? 오, 사랑하는 아내!"라며 절규한다. 트웨인은 교수형을 당하면서 그가 보인 태도를 비굴하다고 말하는 사람을 은근히 비판한다. 많은 무법자가 특별히 잘한 행동도 없으면서 당당하게 죽음을 맞이하는데, 이는 결코 '도덕적 용기'에서 우러나온 행동이 아니라는 것이다. 그러므로 슬레이드의 행동은 정당화될 수 있다고 하면서 그를 동정한다. 일반 대중의 생각은 다르다. 그들은 어떤 대상이 지닌 양면성을 종합하지 못하고 한 면만을 전체로 확장하는 편견에 지배될 뿐이다. 반면 트웨인은 그 양면성을 종합하여 균형 있는 양가감정을 표현하고 있다.

레오네는 슬레이드 대위와 같은 자들이 사디스트나 광인이 아니라 지극히 평범한 사람인데, 서부가 공포에 지배되는 탓에 그렇게 변한 것으로 본다. 그리고 미국이란 나라는 겉에서 볼 땐 대단히 민주적인 것 같지만, 실은 대단히 흐리멍텅한 사회라고 생각한다. 그리고 그 헌법을 만든 것은 범죄자들이라고 생각한다. 또한 인생은 폭력이고, 법을 집행하는 자라고 해서 특별히 윤리적이지도 않으며, 기사도 정신에 따라 결투를 하는 경우란 거의 없고, 결투와 습격은 종이 한 장 차이일 뿐이라고 본다.

나아가 레오네는 서부에서의 총격전은 현대 도시에

서 발생하는 총격전에 비하면 그야말로 유치한 것이라고 생각했다. 정치가, 관료, 경찰은 항상 부패한다고 보았다. 그래서 〈황야의 무법자〉에 나오는 보안관은 갱의 하수인이고, 〈석양의 무법자〉에서는 이스트우드가 범죄인에게 현상금을 걸면서도 그 범죄인에게 돈을 뜯어먹는 부패한 보안관의 가슴에서 배지를 뺏는 것이다. 이처럼 악당들의 나라에서는 현상금을 좇는 총잡이가 왕이다.

서부극에서 현상금 사냥꾼은 자주 나오지만, 레오네의 영화에 나오는 그들은 전통적 서부극의 양심적인 현상금 사냥꾼과는 다르다. 그것은 〈석양의 무법자〉 처음에 나오는 말, 즉 "인생에 아무런 가치가 없는 곳에서는 종종 죽음에 가치가 부여된다. 그래서 현상금 사냥꾼이 생긴다"는 대사로도 알 수 있다. 인생은 지명수배 포스터에 인쇄된 금액만큼의 가치밖에 갖지 못한다는 것이고, 그런 생명을 뺏는 것에는 양심의 가책 같은 것은 필요 없다는 뜻이리라.

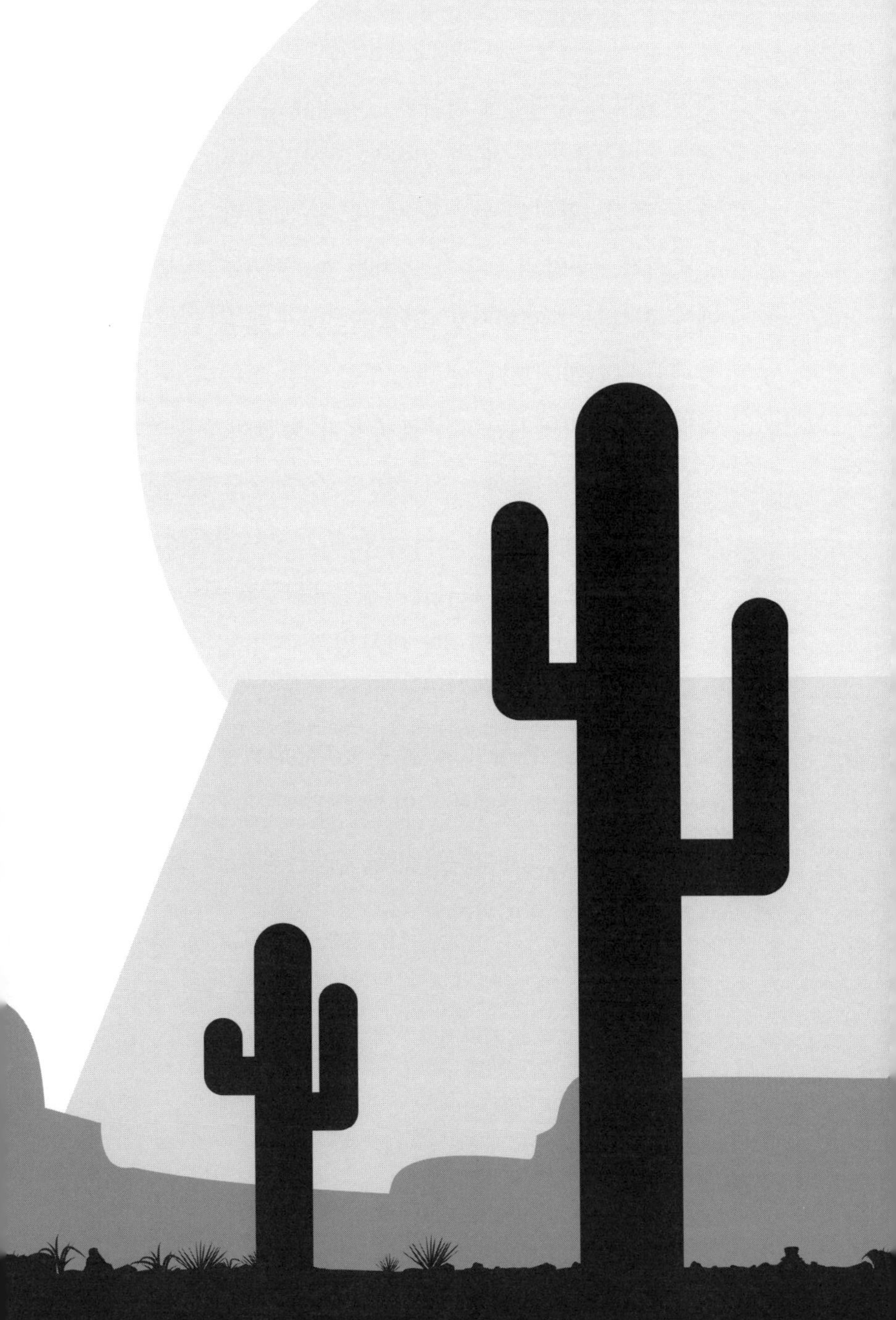

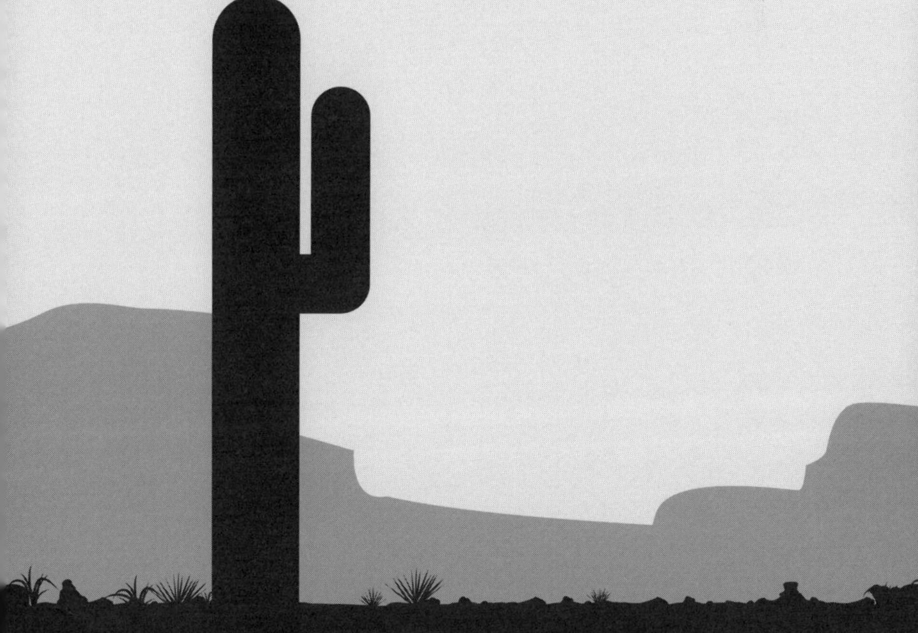

5장 미국을 뒤집다

<좋은 놈, 나쁜 놈, 추한 놈>

〈석양에 돌아오다〉의 원제는 The Good, the Bad and the Ugly이다. 이를 보통 '좋은 놈, 나쁜 놈, 추한 놈'이라고 번역하지만 The Good은 착한 놈이라기보다도 '약삭빠른 놈' '교활한 놈' 정도의 의미이다. '영악한 자, 사악한 자, 추악한 자'라는 번역도 있다. 그 영화가 나온 뒤 2008년에 김지운 감독이 〈좋은 놈, 나쁜 놈, 이상한 놈〉을 만들었다. 세 번째가 '추한 놈'이 아니라 '이상한 놈'이 다른 점이지만 영화 내용도 많이 다르다.

영화의 출발은 남북전쟁 때 세 명의 악당이 보물을 찾는다는 단순한 아이디어로, 참호전쟁이었던 1차 세계 대전의 공포와 음울함을 다룬 이탈리아 영화인 〈거대한 전쟁〉(1959) 같은 영화를 만든다는 게 목표였다. 레오네는 영화제작 초기에 다음과 같이 말했다.

"좋은 놈, 나쁜 놈, 추한 놈이라는 구별은 절대적인 근원적 의미에서는 존재하지 않는다고 언제나 생각했다. 서부극 양식을 사용하여 그러한 형용사의 신비한 베일을 벗겨보는 것이 재미있다고 생각했다. 암살자가 숭고한 이타주의적 행동을 하고, 선인이 전혀 조작 없이 사람을 죽인다. 추하게 보이는 인물을 잘 알면 보이는 것보다 가치가 있고, 훌륭한 인물임을 알지도 모른다. …로마의 옛 노래가 기억에 남아 있었다. 양식으로 가득한 노래로 생각된다.

추기경이 죽었다
좋은 일도 나쁜 일도 했던 자다
나쁜 짓은 좋게 했고
좋은 일은 나쁘게 했다

이것이야말로 내가 작품에 넣고자 한 교훈이었다
(Lambert 56-58; Frayling 203, 재인용)."

그러나 최초의 제목은 〈두 사람의 위대한 방랑자〉(I due magnifici straccioni)였다. 즉 제작 초기에는 남북전쟁

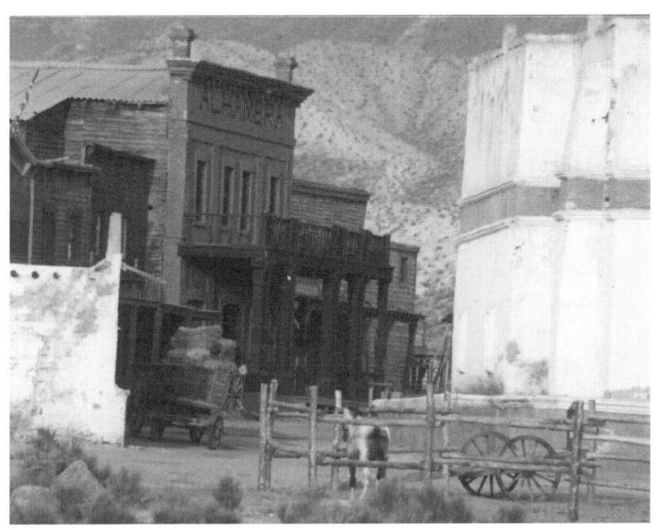

〈좋은 놈, 나쁜 놈, 추한 놈〉 촬영 장소.

의 비극적 역사와 '피카레스크 정신'의 혼합, 즉 먼지로 덮인 남서부의 교활한 사기꾼들 사이에서 우연한 만남이 이어진다는 줄거리였다. 피카레스크 로망(악한소설)과 코메디아 델라르테(희극소설)는 출발점으로서 좋다고 레오네는 생각했다. 왜냐하면 "공통점이 있기 때문이다. 일인의 등장인물에 집약되는 참된 의미의 영웅은 등장하지 않는다." 레오네는 뒤에 람베르트(Gilles Lambert)와의 대화에서 다음과 같이 설명했다.

"내가 흥미를 갖는 것은 한편으로 인간에게 붙는 형용사의 신비를 벗기면서, 다른 한편으로는 전쟁의 어리석음을 폭로하는 것이다. …등장인물들이 만나는 남북전쟁을 나는 너무나도 무의미하고 바보 같은 짓으로 생각한다. '대의'와는 무관하다. 작품의 키가 되는 대사는 등장인물 한 사람이 다리 전투에 대해 "이렇게 많은 남자들이 이처럼 무의미하게 죽는 것은 처음 보았다"는 것이다. 북부의 포로수용소를 그리는데, 유대인 오케스트라가 있던 나치수용소의 일도 생각했다(Frayling 204, 재인용)."

그러나 더 중요한 것은 미국이 멋진 나라라는 공식, 그 선전적 역사를 뒤집어 '미국은 폭력 위에 세워졌다'는 진실을 폭로했다는 점이다. 이는 앞에서 보았듯이 2차대전을 경험한 어린 레오네가 전쟁을 이상이나 미사여구로 꾸미는 '선전'을 경멸한 데서 비롯되었다. 그에게 남북전쟁은 서부개척 시대에 시작된 '폭력에 의한 지배'의 연장에 불과했다.

미국은 폭력 위에 세워졌다

남북전쟁은 노예해방을 위한 위대한 전쟁이라고 한다. 하워드 진(Howard Zinn, 1922~2010)은 『미국민중저항사』(A People's History of the United States, 1980)에서 남북전쟁에 대해 다음과 같이 말했다.

"남북전쟁은 현대전의 양상을 보인 사상 초유의 경우로서, 치명적인 포탄, 개틀링 기관총, 총검이 등장하는 기계화된 전쟁의 무차별 살상에 육박전이 결합된 것이었다."[*]

이어 100만 명 이상의 사상자가 나온 대학살이라고 하는데 레오네가 〈석양에 돌아오다〉에서 묘사한 수용소에 대해서는 말하지 않는다. 남부 연방에 속한 조지아주에 있던 앤드슨빌 수용소에서의 12만 명 학살이 바로 그것이다. 그 수용소에서 벌어진 끔찍한 기아, 인육 먹기 등은 영화에서 묘사되지 않았지만, 널리 알려진 사

---

[*] 하워드 진 지음, 조선혜 옮김, 〈미국민중저항사〉1, 일월서각, 1988, 234쪽.

실이었다. 존 포드는 〈샤이엔〉(Cheyenne Autumn, 1964)에서 인디언 수용소를 묘사할 때, 그곳을 규율에 사로잡힌 독일계 사관(칼 말덴이 연기한 나치적 인물인 오스카 베셀즈 대령)의 지휘하에 두었는데, 그 이유는 더는 설명할 필요가 없다는 점을 강조한 것이다. 네브라스카의 엄동설한에서 샤이엔들을 창고에 몰아넣고 굶어 죽게 한 책임을 져야 한다는 군의관의 주장에 대해 베셀즈는 명령 실행의 도구에 불과한 자신에게는 아무런 책임이 없다고 말한다.

북군이 미시시피주 내에 300마일까지 침공한 그리아슨 습격에 근거하여 〈기병대〉(The Horse Soldiers, 1959)에서 포드는 앤드슨빌에 대해 말한다. 냉소적이지만 마음이 따뜻한 북군 군의관(윌리엄 홀덴 분)은 완고한 직업군인인 존 웨인에게 의사가 필요하다며 자신은 부대와 떨어져 남부연방 내에 머물겠다고 말한다. 존 웨인이 "앤드슨빌도 그럴까,"라고 하자 홀덴은 그렇다고 답한다.

그러나 앤드슨빌 사건은 할리우드에서 터부였다. 무성영화 시대에 칼렘(Kalem) 프로덕션이 제작한 15분짜리 단편 〈앤더슨빌 탈출〉(Escape from Andersonville)에서도 기관총을 뺏어 탈출한 6명의 병사를 그렸을 뿐이다. 1950년대에 프레드 진네만이 앤드슨빌을 영화화한다는 소문이 돌았지만 그냥 소문으로 끝났다. 레오네가 〈석양에 돌아오다〉에서 베터빌(Betterville) 수용소가 북군과 결부되었을 뿐 아니라, 남북 양군의 만행을 충격적으로 묘사한 것은 영화 역사상 처음 있는 일이었다.

영화에는 외팔이 북군 병사와 두 발을 잃은 남군 병사가 등장한다. 산 안토니오 야전병원에서는 프란체스코파 수도사들이 분투한다. 북군 기관차의 배장기(cowcatcher)에 남군 스파이가 묶여 있다. 자신의 관에 원조물자와 보급품을 넣고 벽으로 이동하던 도둑은 사살된다. 부상 당한 일반 시민들이 마을에서 도망치고, 전원 풍경 속에 매장되지 않은 시체들이 나뒹군다. 어딘지도 모르는 장소에 있는 병사들의 거대한 묘지인 셈이다.

베터빌 수용소는 포로 3만 5천 명을 수용한 무렵의 앤더슨빌을 모델로 하여 1864년에 텍사스에 세워졌다. 북군 수용소에 대한 정보는 뉴멕시코의 북군 포로를 그린 로버트 와이즈의 〈서부의 2국기〉(Two Flags West, 1950), 건조한 남서부를 배경으로 한 샘 페킨파(Sam Peckinpah, 1925~1984)의 〈던디 소령〉(Major Dundee, 1965)에서 얻어온 것이다. 그러나 전통적 서부극에서는 남북전쟁의 전투 장면을 다루지 않고 보급선을 다루었다. 실제로 텍사스에서는 금광의 소유권을 둘러싸고 벌어진 전투가 한 번 있었으나 공식적으로는 부인되었다.

<석양에 돌아오다>의 줄거리

남북전쟁이 한창이던 시절 미국과 멕시코의 국경 지역. 멕시코인 총잡이 투코(일라이 월릭 분)는 그를 노리는 사람들에게 기습을 당하지만 역으로 그들을 제압하고 도망가는 장면으로 영화는 시작한다. 그리고 '천사의 눈'이라는 뜻의 엔젤 아이스로 불리는 냉혹한 범죄자 세텐자(리 반 클리프 분)와 신비로운 총잡이 블론디(클린트 이스트우드 분)가 나온다. 각각 좋은 놈, 나쁜 놈, 추한 놈이다.

세텐자는 남부 동맹군의 군자금 20만 달러가 빼돌려졌다는 정보를 입수한다. 그즈음 투코는 블론디와 함께 현상금 동업을 이어가고 있었는데 블론디가 갑자기 투코와의 관계를 청산한다. 이에 투코는 블론디를 추적하여 그를 죽음 직전까지 몰아넣지만, 때마침 죽어가고 있던 빌 카슨이란 자에게 군자금에 관한 비밀을 입수하게 된다. 블론디 역시 투코가 모르는 정보를 얻었기에 투코는 그와 동행하게 된다. 이후 이들은 서로 협력과 반목을 번복해가면서 황금을 추격하게 된다.

전쟁의 풍자

전통적으로 할리우드에서 남북전쟁은 국가적 또는 개인적 차원의 책임이나 운명의 소재로 다루어졌다. 북부는 진보, 공업, 도시 그리고 1865년 이후의 국가 제도의 승리를 뜻했다. 반면 남부는 봉건, 달빛, 마그놀리아 꽃, '오래된 훌륭한 대의', 노예제도, 면화를 재배하는 대규모 장원으로 상징되었다. 데이비드 셀즈닉(David O. Selznick, 1902~1965)의 〈바람과 함께 사라지다〉(Gone with the Wind, 1939), 에드워드 드미트릭(Edward Dmytryk, 1908~1999)의 〈애정이 꽃피는 나무〉(Raintree County, 1957)에서 그러했다. 한편 〈서부개척사〉(How the West Was Won, 1962)에서 존 포드가 연출한 에피소드에서는 등장인물들이 남북 어느 쪽을 택하는가에 따라 작품의 모럴이 달라졌다. 심지어 레오네가 좋아한 프랑스 감독 자크 투르뇌(Jacques Tourneur, 1904~1977)의 〈아침의 위대한 날〉(Great Day in the Morning, 1956)도 그러했다. 주인공은 전쟁에 냉소적이지만, 끝내는 남부군 이등병으로 종군한다.

영화를 찍는 동안 우연히 만난 오손 웰스(Orson Welles, 1915~1985)는 레오네에게 〈바람과 함께 사라지다〉를 빼고 남북전쟁 영화가 성공하지 못한 이유는 남북전쟁이 나라를 쪼갠 내전이어서 미국인의 마음에 상처를 낸 데다가 비전투원까지 희생시킨 전면적 근대전이기 때문이라고 했다.

그러나 〈석양에 돌아오다〉에는 모럴이 없다. 남북전쟁은 더러운 역사로 배경이 되어줄 뿐이고, 영화에 나오는 세 사람에게는 완전히 남의 전쟁이다. 이는 소년 시절의 레오네가 2차대전 때 느낀 감정과 조금도 다를 바 없다. 그래서 전쟁은 풍자의 대상일 뿐이다.

남북전쟁을 풍자하는 장면은 좋은 놈 브론디와 같은 도둑인 추한 놈 투코가 남군의 회색 군복을 훔쳐 입고 멀리 보이는 분견대를 발견하는 장면에서 볼 수 있다. 브론디가 묻는다. "청색이냐? 회색이야?" 투코가 모

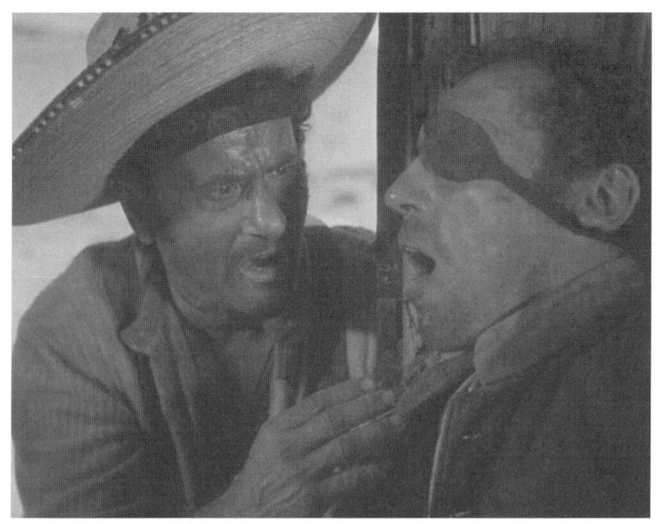

투코(일라이 월릭)와 빌 카슨(안토니오 카잘레).

두 회색이라고 답하며 인사나 하고 지나치자고 말한다. 병사들이 가까이 오자 투코는 고함을 지른다. "남부 만세! 만세! 그란트 장군과 함께 죽여라! 장군 만세! 이름이 뭐지?" 그러자 브론디는 "리"라고 답한다. "리 장군. 하느님도 양키를 미워하니 우리 편이야." 그러면서 그는 걸음을 멈춘 병사들을 보고 이렇게 말한다. "하느님은 우리 편이 아니야. 하느님도 바보는 싫어하니까." 이어 화면은 사막의 먼지를 뒤집어쓴 사관의 소매 깃을 비춘다. 그가 입은 것은 청색의 북군 군복인데 먼지로 뒤덮어 회색으로 보인 터였다.

'좋은 놈'은 남군 제복을 훔치고 북군 탈주병과 함께 행동하고 북군 대령의 다리 폭파를 돕고 죽기 직전의 남군 병사에게 마지막 담배를 권한다. '나쁜 놈'은 굶어 죽기 직전의 남군에게 얻은 정보로 북군에 입대하여 수용소 장교로 일하다가 탈출하고 어느 편이든 상금만 두둑하게 준다면 사살한다. '추한 놈'도 남군 제복을 훔치고 북군에 지원하지만 전쟁의 이유 따위는 모른다. 세 사람의 동기는 똑같이 무명병사의 묘에 숨겨진 황금을 찾는 것일 뿐이다.

<살인광 시대>와 문학작품의 영향

레오네는 채플린의 <살인광 시대>에서 힌트를 얻어 <석양에 돌아오다>를 만들었다고 했다. 앞에서도 말했듯이 레오네는 채플린을 좋아했고, 살인광을 모든 도적이나 현상금 사냥꾼의 원형이라고 생각했다. 특히 두 영화 사이에는 많은 유사점이 있다. 살인을 비즈니스로 생각하는 점, 변장에 능한 점, 열차로 국토를 횡단하면서 범죄를 저지르는 점 등이다.

레오네는 〈살인광 시대〉가 셀린(Louis-Ferdinand Céline, 1894~1961)의 『밤의 끝까지 여행을』(Voyage au bout de la nuit, 1932)을 연상시킨다고 했다. 레오네가 20세에 읽은 그 책은 그에게 평생 잊을 수 없는 책이 되었다고 하는데, 그 소설에 단 하나 존재하는 가치관이란 살아남는다는 것뿐이고, 주인공은 부패하거나 비겁하고 잔인한 권력자들에게 항상 불신감을 품는다.

영화에서 북군 대령이 "전쟁에서 도움이 되는 최고의 무기는 술이다. 군인 정신은 술병 속에 있다"고 한 말은 에밀리오 루수(Emilio Lussu, 1890~1975)가 1차 대전을 배경으로 쓴 반전소설 『평원에서 1년』(Un anno sull'Altipiano, 1938)에 근거한 것이었다. 루수는 일찍부터 파시스트에 반대했고 스페인 내전에도 참가한 점에서 레오네의 존경을 받았다.

레오네가 영화에 도입한 그 장면은 존 포드가 감독한 〈기병대〉에서 유사한 상황에 놓인 존 웨인이 위스키 한 잔을 거부하는 것의 전복이기도 하다. 루수의 소설은 이탈리아의 정치적 메시지가 강한 영화감독으로 유명한 1970년 프란체스코 로시에 의해 〈옛날의 많은 전쟁〉(Uomini contro)으로 영화화되었다.

〈석양에 돌아오다〉는 대단한 성공을 거두어 당시 미국의 선거 캠페인에서 로버트 케네디(Robert Kennedy, 1925~1968)가 "내 형은 착한 놈, 닉슨은 더러운 놈, 맥나마라는 나쁜 놈"이라고 말하기도 했다(Uve 19).

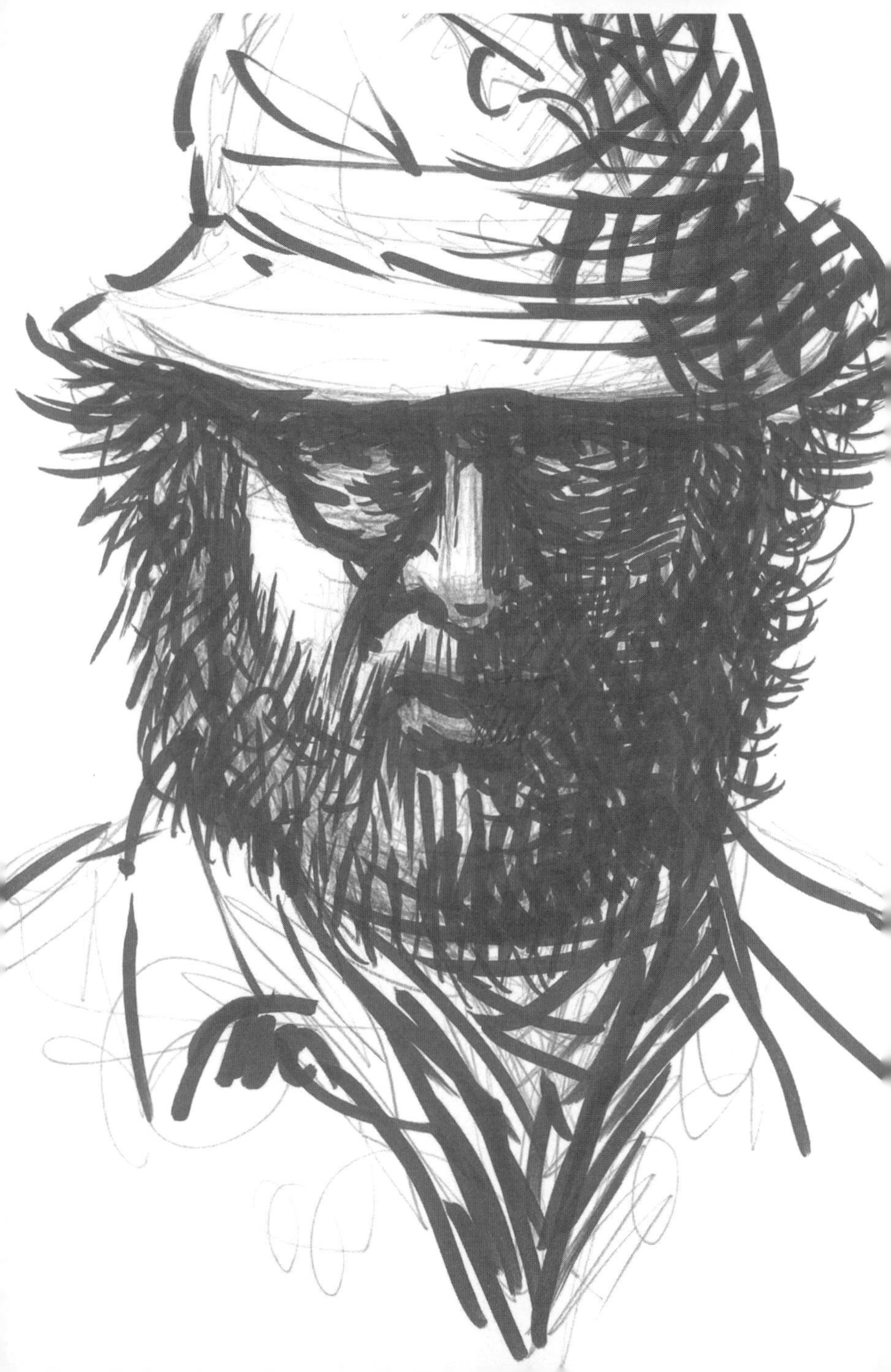

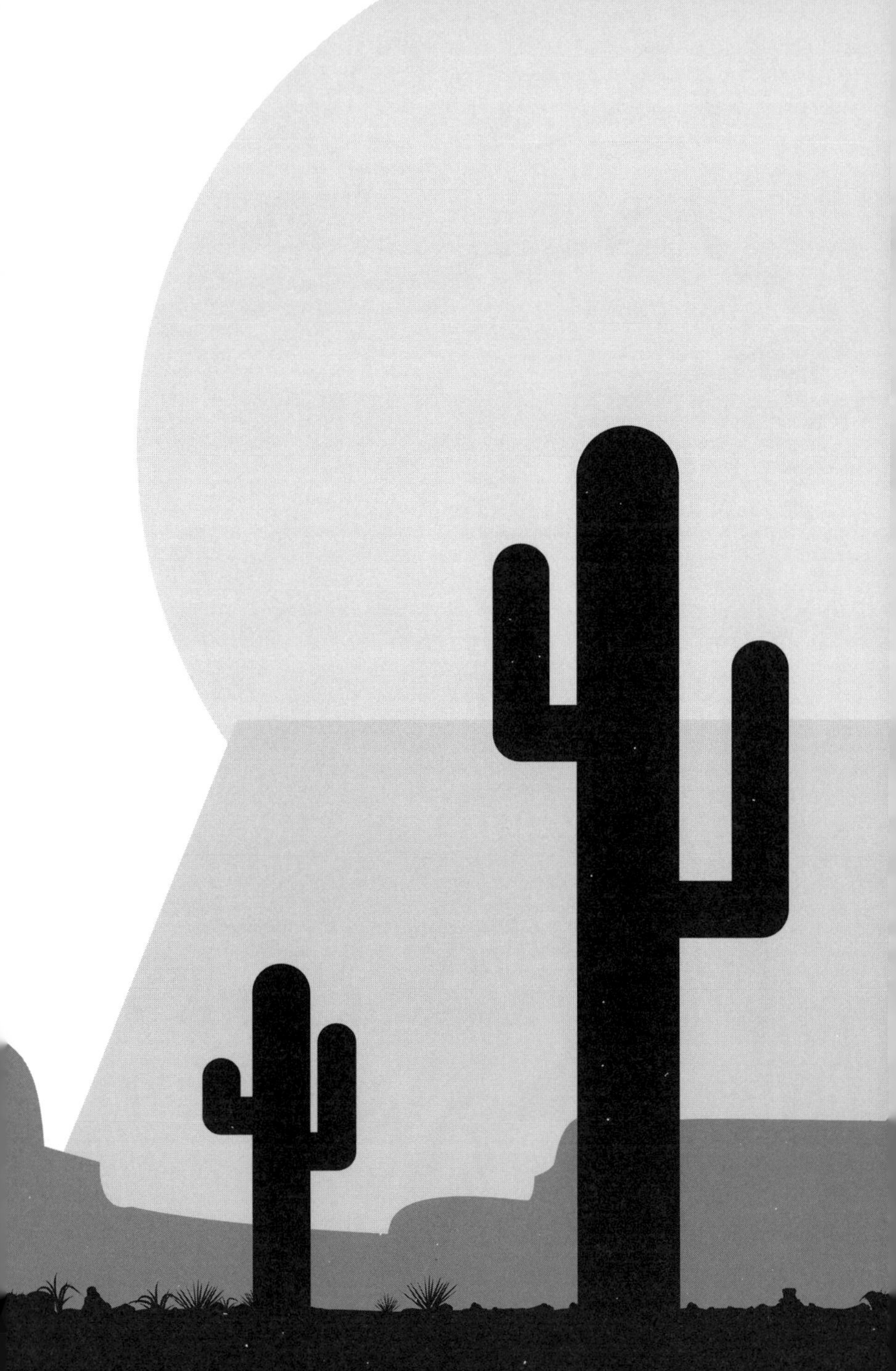

6장 옛날 옛적 서부

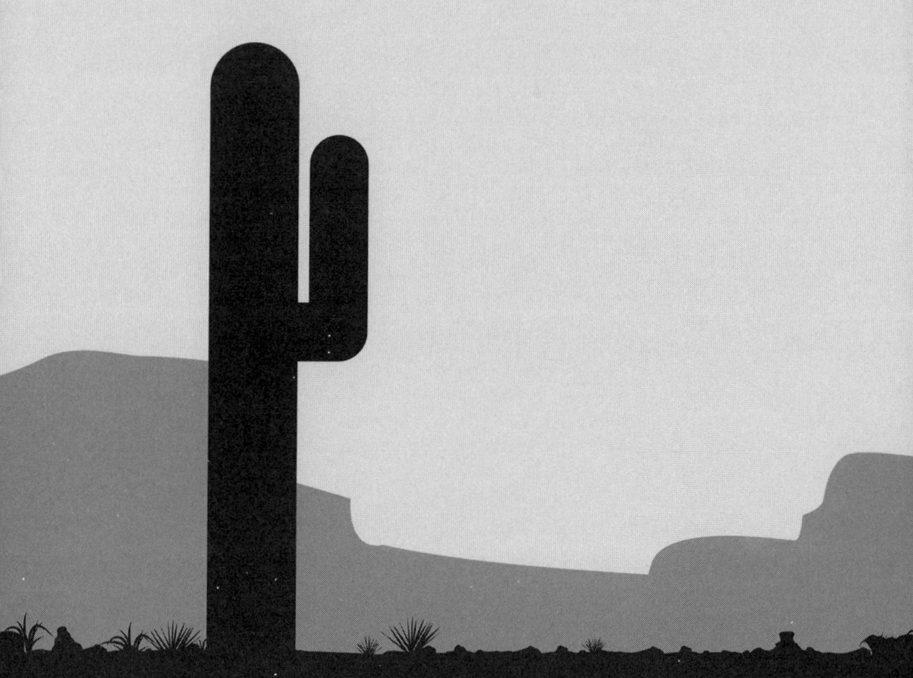

아나키스트 레오네

1960년 이후 레오네는 대중적인 영화제작 세계만이 아니라 정치영화를 만드는 유행이나 정치문화 자체에 대해서도 환멸했음을 1968년 프랑스의 학생가인 카르체 라탕(라틴구)을 중심으로 한 학생반란에 대해 말한 바에서 볼 수 있다.

카르체 라탕을 중심으로 일어난 폭동은 소련 전차가 체코슬로바키아에 침입한 것이나 이탈리아에서 파시즘이 부활한 것과 마찬가지로 나를 조금도 놀라게 하지 않았다. …이러한 사건들을 통하여 나는 나의 아나키즘 취향을 단지 확인했을 뿐만 아니라, 그것을 나의 영화 속에 보여왔다. 그리고 정치영화라고 불린 새로운 영화의 장르가 나타난 것을 보았을 때 나는 그것에 동조하지 않았다. 나는 그 가치

를 인정하지 않았다. 호전적인 영화는 정당원에게
만 보여주어야 한다고 생각했다(Frayling 305, 재인용).

당시 이탈리아의 정치는 크게 불안했다. 정당에 경
찰이 잠입하고 공적 자금을 부정적으로 사용하고 매수
하는 사건이 빈번하게 터졌다. 좌우파에 의한 테러도 발
생했다. 사회주의가 흔들리는 가운데 극우파 파시즘 부
활의 조짐도 보였다. 대기업의 대표들은 사회개혁의 필
요성을 방해하기 위해 경제기적을 부각하며 대중의 관
심을 돌리기에 여념이 없었다. 바티칸은 이혼에 반대하
는 등 보수주의를 견지했고, 1969년에는 7개월 동안이
나 무정부 상태가 지속되면서 의회주의에 대한 불신은
더욱 커져갔다.

이런 상황에서 레오네는 정치적 의식화 영화는 무
의미하다고 확신했다. 당시 그런 영화를 보러 가는 사람
도 없었다. 그는 그런 풍조에 도전했다. 국가주의적인 것
도 편협한 것도 아닌, 그리고 이탈리아 일부 인간에 그
치지 않고 세계적으로 폭넓게 평가받는 의의 있는 영화
를 만들어야 한다고 생각한 것이다. 프랑스의 장 뤽 고
다르는 자본에 의해 매수되지 않고 정치적으로 정치영

화를 만드는 방법이 있다고 주장했지만, 레오네는 그런 주장은 영화제작의 본질을 오해한 것이라고 비판했다. 영화란 매스미디어일 뿐이고, 당대의 정치적 감독들보다 40년 전의 찰리 채플린이야말로 사회주의에 공헌한 진정한 사람이라고 주장하면서 레오네는 다음과 같이 말했다.

이탈리아에서 정치는 이미 무의미한 것이 되었다! 따라서 나는 내 나름의 영화를 찍는다. 나는 인류를 믿지만 인류는 나를 실망하게 한다. 물론 다른 나라도 마찬가지 상황이지만, 우리의 운은 더욱 나쁘다. 우리의 위선과 '타협의 정치'가 우리를 이처럼 영원한 위기로 몰아넣었다. 지식인으로서 우리는 싸움에 지치고 포기했다. 죽음 외에 뭘 더 생각할 수 있을까? 20년간 이어진 파시즘 이후 우리는 다시 그것에 직면해야 한다. 이것이야말로 세상에서 가장 믿을 수 없는 것이 아닐까? 세상에서 이런 부조리 속에서 사는 곳은 이탈리아뿐이다. 그들이 이겼다. 그리고 우리는 자신의 처를 벌하기 위해 자신의 성기를 자르는 놈처럼 행동한다. 정말 미쳤다. 나?

나는 그런 것에서 떨어져 살며 아무것에도 관심이 없다(Frayling 306, 재인용).

레오네는 실패한 신이라는 개념을 즐겨 말했다.

전쟁이 끝나자 많은 이탈리아인처럼 나도 꿈이나 환상을 가졌다. 혁명을 믿기도 했다. 실제로는 무리라도 머릿속에서는. 부가 평등하게 분배되는 더욱 공정하고 인도적인 사회를 꿈꾸었다. 나는 역사를 좋아했고 그 속에 있는 진보의 명확한 흐름을 따르고자 했다. 무엇보다도 내 아버지는 파시즘과 싸웠고 감독 노동조합을 만들었다. 나는 사회주의를 신봉한 집안에서 태어났으니 말이다.

나는 환멸을 느낀 사회주의자, 아나키스트다. 그러나 나에게는 양심이 있어서 온건한 아나키스트이고, 폭탄을 던지는 짓은 하지 않는다. 즉 나는 인생에서 있을 수 있는 모든 허위를 경험해왔다. 그러면 마지막에 남는 것은 무엇인가? 가족이다. 그것이 나의 궁극적인 원형이다. 선사 이래 우리가 계속해 받아온 것이다. 그 밖에? 우정. 그리고 그뿐이다. 나

는 타고난 비관주의자이다. 존 포드 영화에서 사람
들은 희망을 품고 창밖을 바라본다. 나는 창을 여
는 것조차 두려워하는 인간을 묘사한다. 만일 그
들이 창을 연다고 해도 결과적으로 그들은 총탄을
맞게 된다. 정치가 나의 영화에 부재한 적은 한 번
도 없다. 그리고 영화 속에서는 아나키스트들이야
말로 성실한 인간이다. 나는 그들의 일이라면 잘 이
해한다. 왜냐하면 내 생각은 그들과 같기 때문이다
(Frayling 306, 재인용).

베르톨루치

1960년대 이탈리아의 예술영화 감독들은 대부분
북부 출신이었다. 가령 20세기 가장 영향력 있는 영화
감독 중 하나로 널리 추앙받는 페데리코 펠리니(Federico
Fellini, 1920~1993)는 로마냐, 1960년대 세계 영화시장을
지배한 감독이라는 평을 받은 미켈란젤로 안토니오니
(Michelangelo Antonioni, 1912~2007)는 페라라, 베르톨루치
는 파르마, 파졸리니(Pier Paolo Pasolini, 1922~1975)는 에밀

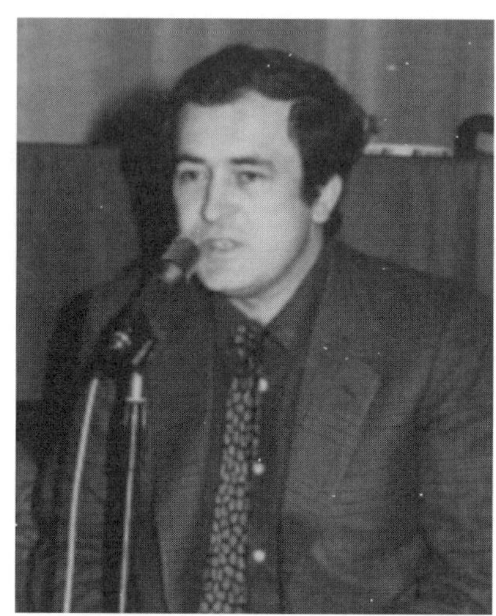

베르톨루치(1981).

리오 로마냐 출신이었다. 북부 출신인 그들은 로마를 싫어하고 경멸했다. 레오네 같은 로마 출신들은 대중영화나 만들고 정치의식이나 사회적 책임감이 없다는 이유에서였다. 펠리니나 안토니오니는 특별히 정치적 입장을 드러내지는 않았으나 베르톨루치와 파졸리니는 좌파적 입장을 뚜렷이 드러냈다.

반면 레오네는 정치에 대해 시니컬한 입장이었다. 그는 그 이유를 가족적 배경으로 설명했다. 즉 아버지는 공산주의자인 반면 그는 사회주의자였다. 그 뒤 그는 너무나도 많은 허위와 타협을 보았다. 아버지가 정치적 이유로 영화계에서 추방되었는데 그것은 완전히 무의미한 것이었다고도 말했다. 그는 전후 이탈리아의 경제부흥도 어떤 계획에 의해서가 아니라, 사회적 결과 따위는 전혀 고려하지 않은 단순한 욕망의 분위기에서 생겨났다고 보았다. 이 점도 이탈리아 고유의 남북대립 현상의 하나라고 레오네는 지적했다.

레오네는 로마 출신으로 운명을 믿는 비관주의자였다. 인간의 실패와 어리석음의 증거들인 로마제국의 유적이 길거리에 흩어져 있는 것을 매일 보기 때문이라고 했다. 레오네는 시각적 이미지가 언어보다도 강하다고 여겼고, 정치적 낙천주의를 할리우드 영화의 허장과 결부시켰다. 자신이 일한 할리우드 영화에 대해 레오네는 그것들이 역사적 사건을 너무 미화한다고 비판하고 상상력이 빈곤하다고 보았다. 그래서 다음과 같이 말했다. "영화는 스펙타클로 태어나 그 기능을 수행한다. … 그리고 그러한 기능을 통해 정치적 이미지가 나타나야 받아들여질 수 있다. 그렇지 않으면 영화가 아니라 선전문서이다."

베르톨루치가 속한 좌파 영화인 내지 지식인 그룹

에서는 미국영화와 이탈리아 대중영화를 비난했다. 그러나 베르톨루치는 현대 이탈리아 영화계를 대표하는 4명의 대가인 로셀리니(Roberto Rossellini, 1906~1977), 안토니오니, 비스콘티, 데 시카를 제외하면 레오네가 가장 훌륭한 감독이라고 생각했다. 그리고 60년대 자신의 정치적 신념과 할리우드 고전서부극이 모순되지 않는다고도 보았다. 그가 좋아한 당시 파리의 고다르나 알랭 르네(Alain Resnais, 1922~2014) 등의 시네아티스트들도 할리우드 영화를 좋아했다.

1960년대에 레오네는 베르톨루치와는 친하게 지냈다. 베르톨루치는 시인이자 영화평론가인 아버지 밑에서 자란 덕에 어려서부터 영화적 환경에 익숙했다. 그는 로마 라 사피엔차 대학교를 중퇴하고 파졸리니 감독의 조감독을 지내다 1962년, 파졸리니의 원안에 근거해 만든 감독 데뷔작 〈즉사〉(혹은 〈냉혹한 학살자〉(La commare secca)), 그리고 영화제에서는 호평을 받았지만 관객은 전혀 들지 않은 〈혁명 전야〉(Prima della rivoluzione, Before the Revolution, 1964)를 찍은 뒤 슬럼프에 빠져 있을 때 레오네를 만났다. 영화에 대한 두 사람의 생각은 달랐다. 베르톨루치는 정치와 개인, 마르크스와 프로이트의 관계를 추구한 반면 레오네는 정치에 대한 환멸을 표명했다. 그러나 두 사람 사이에는 공통점도 많았다. 레오네의 독특한 멜랑콜리와 영상 스타일이 베르톨루치의 마르크스주의에 맞았던 것이다. 고다르가 모든 영화 중에서 가장 시각적이라고 말한 서부극에서 두 사람은 통했다. 베르톨루치는 레오네와 함께 〈옛날 옛적 서부〉의 줄거리를 짰다.

파졸리니

파졸리니는 레오네와 같은 시대를 살았지만 두 사람 사이에 특별한 관계가 형성되지는 않았고, 각각 이탈리아의 작가영화와 대중영화를 대표하는 감독으로 활동했다. 그러나 파시스트 정권하의 고통을 파졸리니가 〈살로, 소돔의 120일〉(Salò, or the 120 Days of Sodom, 1975)에서, 레오네가 〈석양의 갱들〉에서 각각 묘사했듯이 두 사람의 작품 세계에는 공통성도 많았다. 파졸리니는 한때 서부극에 출연하기도 했다.

앞에서 보았듯이 레오네가 사회주의 영화감독의

아들로 태어난 것과 반대로 파졸리니는 고위 파시스트 군인의 아들로 1922년 볼로냐에서 태어났다. 볼로냐 대학교에서 미술사를 전공하고 20세에 시집 『카사르사의 노래』(Poesie a Casarsa, 1942)를 발표해 주목받았으며 공산당에 가입하기도 했으나 1949년 집단 동성애 혐의로 추방당해 가족들과 함께 로마로 이주해 교사로 일했다.

　　당시 그가 살았던 빈민가의 불량배가 권력에 저항하고 격렬한 파업을 직접 경험하면서 새로운 사회의 가능성을 발견한다는 소설 『폭력적인 삶』(Una vita violenta,

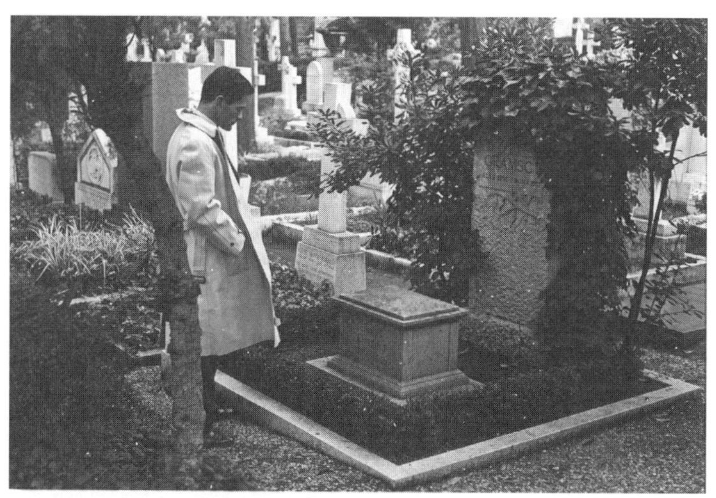

안토니오 그람시의 무덤을 찾은 파졸리니.

1959)에서 민중혁명을 꿈꿨지만, 그 후 민중의 힘이 자본주의 체제에 흡수되는 것을 지켜보면서 혁명에 대한 기대는 포기해야 했다.

그러나 자본주의 이전의 삶을 사는 빈민에 대한 애정과 그들을 억압하는 권력에 대한 저항의식은 죽을 때까지 포기하지 않았다. 그 뒤로도 그가 만든 모든 작품에 대해 가톨릭과 우파는 그가 타락한 사람들을 다룬다고 비난했고, 좌파는 프롤레타리아 계급이 위험하다는 오해를 사게 한다고 비판했다. 그는 좌우 어디와도 타협하지 않는 소수자 이단의 길을 계속 걸었다. 그러나 파시스트들이 벌이는 가학과 자학이 뒤섞인 최후의 만찬을 그린 영화 〈살로, 소돔의 120일〉을 1975년에 만든 뒤 무참하게 살해당했다.

사드 후작(Donatien Alphonse François, Marquis de Sade, 1740~1814)의 소설 『소돔의 120일』(Les Cent Vingt Journées de Sodome, 1785)을 1944년 이탈리아 배경으로 재현한 〈살로, 소돔의 120일〉은 사드 원작에 나오는 모든 종류의 성적 고문에다가 동성애, 불결 취미, 항문애 등까지 보여주고 희생자들은 어떤 저항도 없이 피학적 태도로 일관하게 하여, 죽기 직전의 파졸리니가 극단적인 허무주의, 즉 파시즘은 도지히 뿌리 뽑을 수 없다는 식의 뿌리 깊은 절망에 빠졌음을 보여준다. 파시스트 음악인 카를 오르프(Carl Orff, 1895~1982)의 〈카르미나 부라나〉(Carmina Burana, 1936)가 흐르고, 파시즘을 지지한 에즈라 파운드(Ezra Pound, 1885~1972)의 시가 낭송되는 마지막 장면에서 특히 그렇다. 최근 한국에서 그런 음악과 시가 유행하기에 더욱 몸서리난다.

파졸리니는 문명, 도덕, 사회, 가족 등을 거부한 극소수 이단 예술가의 한 사람이었다. 그의 영화에 나오는 예수나 오이디푸스를 비롯한 모든 주인공은 그 자신과 마찬가지로 하층의 반역자로서, 사회적으로 공인된 모든 가치와 도덕을 부정한다. 게다가 그들의 저항은 이성이나 전망에 근거한 것이 아니라, 자본주의 이전의 농민이나 이후의 빈민이 갖고 있다는 순수한 의식에서 나온다.

반면 그의 영화에서 상류의 유산계급 인간들은 모두 탐욕이나 무기력 또는 위선적인 존재로 부정적으로 묘사된다. 그리고 모든 아버지는 부정적인 증오의 존재로, 사랑의 대상으로 표현되는 유일한 여성인 어머니와 대립한다. "작가로서의 모든 이데올로기적, 사회적 활동은 아버지와의 투쟁에서 비롯된다"고 한 그에게 아버지는 모든 권력의 상징으로 투쟁의 대상이자 출발이었다.

<옛날 옛적 서부>

<석양에 돌아오다>의 피날레가 신화적인 프레임 안에 등장인물을 배치하여 '달러' 3부작을 마무리하는 반면 다음 영화들인 '옛날 옛적' 3부작에서 레오네는 폭력을 은유로 사용하여 정치와 비즈니스 세계 및 폭력 자체를 묘사한다. 궁극적으로 그것을 우화에 맡긴다. 이 3부작에 나오는 세 작품의 새로운 차원이 이미 우화와 같은 '옛날 옛적에'라는 제목으로 나타난 것은 우연이 아니다. 어쩌면 바로 이 점 때문에 포스트모던 작품으로 간주된 것인지도 모른다. 포스트모더니즘 영화는 전통적인 서사와 관습을 뒤엎고 고급예술과 대중예술 사이의 문화적 분열을 무너뜨리며 성, 인종, 계급, 장르 및 시간에 대한 전형적인 묘사를 뒤집는다.

그 첫 작품인 <옛날 옛적 서부>는 레오네가 스스로 서부극 장르에 도전한 것이라고 할 수 있다. <옛날 옛적 서부>의 중심 테마는 변경지대에 대륙 간 횡단철도

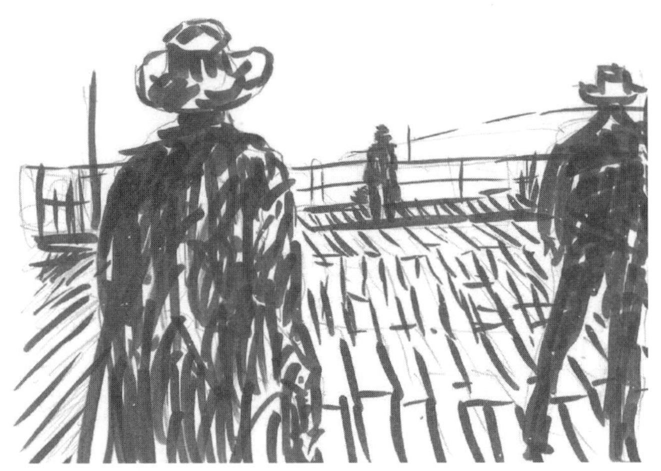

〈옛날 옛적 서부〉의 한 장면(ⓒ박홍규).

가 상징하는 문명과 진보라는 것이었다. 철마(Iron horse)라고도 불린 철도의 부설은 오랫동안 서부극의 중요한 테마로 다뤄온 신생 국가 미국의 상징이었다. 특히 수많은 이민자와 남북군의 갈등을 통합하는 숭고한 공통의 목적이기도 했다. 존 포드의 데뷔작인 〈철마〉(The Iron Horse, 1924)는 미국인의 발명능력과 강인한 인내심을 찬양하는 영화로 링컨 대통령에게 바쳐졌다. 세실 B. 데밀의 〈대평원〉(Union Pacific, 1939)은 기관차의 폭주와 충돌, 인디언의 습격, 사랑 등을 섞은 영화로 마지막에 등장하는 유선형 기관차는 근대와 진보의 상징으로 미래를 향해 돌진하여 미국인에게 발전하는 미래에 대한 희망과 비전을 제시했다.

그러나 레오네는 출발부터 완전히 달랐다. 서부가 소멸하는 시기의 서부극의 영웅들인 옛날 사람들과 새로운 철도 시대의 대비를 통해 미국 건국 역사의 실체를 보여주고자 했다. 가령 사업가가 되고자 하는 야심을 품고 철도회사에 고용된 킬러 프랭크(헨리 폰다 분)와 복수심에 불타는 마지막 개척자인 하모니카(찰슨 브론슨 분) 사이의 결투 앞에, 철도 부설로 재벌이 된 모턴과 같은 자들에 의해 곧 황금시대가 끝나는 것에 관한 음울한 대화를 끌어낸다. 하모니카가 "모턴 같은 자들이 계속 나타나 끝내고 말 거야"라고 한다. 그 대화 사이에 철로를 까는 노동자들의 쇼트가 삽입된다. 그 쇼트는 마지막 쇼트와 대비된다. 열차가 새로운 마을에서 나옴과 동시에 하모니카는 산적 샤이안의 시신을 끌고 언덕 저편으로 말을 타고 사라진다. 기술에 양보하는 사람들은 그것을 운명으로 받아들임과 동시에 분노한다.

영화에는 뉴올리언스에서 온 고급 창부, 낭만적인 도적, 그리고 자신을 건파이터로 생각하는 사업가도 등장한다. 그래서 주인공급 등장인물은 모두 5명이다. 그들은 모두 전통적인 서부극에서 빌려온 인물들이다. 그들이 얽히는 배경은 스위트워터(Sweet Water)라는 곳이다. 첫 장면에서 죽는 농부 멕베인의 평생 꿈이 서린 그곳에서 가족 전원이 참살되는 곳이지만, 동시에 철도가 새로운 축복을 가져다주는 곳이기도 하다. 베르톨트 브레히트(Bertolt Brecht, 1898~1956)가 묘사한 미국처럼 스위트워터는 야만과 문명이 충돌하는 서부극 특유의 테마를 말할 뿐 아니라, 사업가와 농부, 자본가와 킬러를 대비시켜 자본주의의 가해자(착취자)와 피해자(피착취자)의 끝없는 투쟁을 보여준다. 브레히트가 말하듯이 "악인을 주인공으로 하는 것은 선인을 주인공으로 하는 것보다 더욱 흥미롭다. 악인은 비판정신에 근거하여 행동하기 때문"이다.

레오네의 영화에 주인공급으로 강인한 여성이 등장하는 것은 이 영화가 처음이다. 물과 서부의 미래를 상징하는 질을 중심으로 하여 스토리는 전개된다. 질은 더러운 여성에서 깨끗한 여성으로 변해간다. 창녀라는 과거에서 도망치기 위해 서부에 온 그녀는 고전 서부극에 등장하는 전형적인 여주인공이 아니다. 그녀는 훌륭

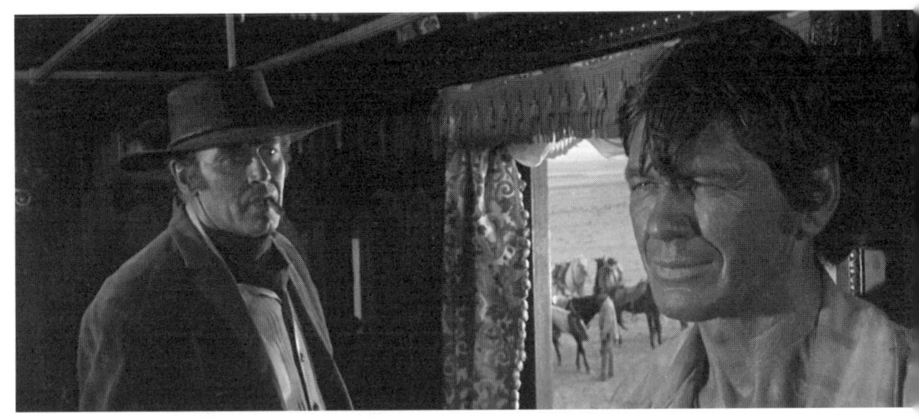

〈옛날 옛적 서부〉 스틸컷.

한 마을 사람들로부터 소외된 창녀이기에 주인공들이 직면한 윤리적 갈등을 더욱 잘 이해하고 공감할 수 있다. 그러면서 좌절하는 듯 보이는 그들의 성스러운 싸움에 다시금 생명력을 부여하고 마침내 마을의 가치관에 깊이 관여한다. 처음부터 그녀는 자기에게 닥친 위기에 뉴올리언스에서처럼 대응한다. 즉 "원하면 테이블 위에 나를 눕히고 재미를 보아라. 친구들을 불러도 좋아. 그렇다고 죽는 여자는 없으니. 그 뒤에 나는 변하지 않아. 더러운 기억이 하나 더 생길 뿐이야"라고 외친다.

창녀에서 서부의 개척자로 변모한 그녀는 힘든 노동에 지친 철도 부설 노동자들에게 '어머니 대지'의 역

할을 한다. 그녀의 새로운 집 밖에서 그들에게 물을 주
고 그들에게 희망을 준다. 영화 전편에 그녀를 위한 장
치들이 있다. 샤이엔은 그녀가 불을 지피도록 돕고, 하
모니카는 그녀가 뉴올리언스로 되돌아가는 것을 막고,
그녀의 비싼 옷을 찢어 물을 긷기에 적합한 실용적인 옷
으로 만들어준다. 그 장면은 강간하는 것처럼 보일 만
큼 격렬하게 전개되는데 도리어 하모니카가 질의 수호자
임을 보여준다. 그녀의 검은 옷에서 하얀 레이스를 없애
프랭크 쪽 킬러의 표적이 되는 것을 방어해주기 때문이
다. 샤이엔이 그녀에게 최후의 이별을 고하며 엉덩이를
만지는 장면에서도 그녀는 실용복을 입고 있다. 그리고
밖에서 일하는 노동자들이 그렇게 해도 지나치라고 말
한다.

비영웅 배우들

〈석양에 돌아오다〉를 촬영할 때 이스트우드가 보
기에 생생했던 유일한 캐릭터는 '추한 놈'(일라이 월릭 분)
뿐이고 '좋은 놈'과 '나쁜 놈'은 캐릭터라기보다 캐리커

처에 가까웠다(엘리엇 133). 그래서 뒤에 레오네가 네 번째 영화의 출연을 제의했을 때 이스트우드는 거절했다(엘리엇 134). 이스트우드는 첫 영화에서는 자기 혼자서 주인공이었으나, 두 번째 영화에서는 두 사람 중 하나, 세 번째 영화에서는 세 사람 중 하나여서 불만이었다. 그래서 다음 영화에서는 부대원의 하나로 나올지 모르겠다고 개탄했다.

레오네는 이스트우드만이 아니라 리 반 클리프나 일라이 월릭(Eli Wallach, 1915~2014)에게도 출연을 제의했지만 모두 거절했다. 주연을 맡고자 했던 세 사람에게 레오네가 "출연 후 5분 안에 다 죽는다"고 말했기 때문이다. 물론 이는 사실과 달랐다. 그러나 레오네가 이스트우드를 포함하여 어떤 배우도 영웅으로 섬길 생각이 없었음은 분명했다. 그는 누구도 미화하지 않았다. 앞에서도 말했듯이 이스트우드도 세 편의 영화 중 그 어느 것에서도 영웅으로 미화되지 않았다. 레오네에게는 역사적 사건에도, 역사적 인물에게도, 선악의 양면이 있다고 믿었다. 평범한 사건이나 인물과 다르지 않다고 생각한 것이다.

이스트우드의 거절에 이어 제임스 코번(James

Coburn, 1928~2002)도 출연을 거부했다. 레오네는 인디언 역을 맡아오던 찰스 브론슨(Charles Bronson, 1921~2003)의 얼굴이 복수심에 불타는 혼혈아에 적격이라고 생각했다. 대리석 바위처럼 무기물로 보이지만 생명력이 흘러넘치는 표정 때문이었다. 실제로 그는 레오네 전작의 주인공인 무명인을 잇는 역할이었다. 한편 레오네 영화에 출연을 거부하던 헨리 폰다는 〈옛날 옛적 서부〉 출연을 제의받았지만 그다지 흥미를 갖지 못하다가 친구로서 레오네 영화를 극찬한 월릭의 권유에 못 이겨 수락했다.

샤이엔 역의 제이슨 로바즈(Jason Robards, 1922~2000)는 레오네가 처음부터 가용하고자 한 배우였다. 로바즈는 레오네처럼 무성영화 배우의 아들이었다. 그는 우리에게 잘 알려지지 않았지만 1999년 케네디 센터가 선정한 5명의 역대 명배우 가운데 한 사람으로 꼽힐 정도로 유명하다. 특히 그는 1976년 워터게이트 스캔들을 특종으로 보도하는 과정을 영화화한 〈대통령의 사람들〉(All the President's Men, 1976)에서 워싱턴포스트의 편집국장 벤 브래들리 역으로, 이듬해인 1977년 〈줄리아〉(Julia, 1977)에서의 뛰어난 연기로 각각 오스카상을 받았다.

일라이 월릭도 역사상 가장 위대한 성격배우 중 한

명이라는 찬양을 받았다. 특히 〈황야의 7인〉(1960)에서 칼베라를 연기하여 레오네에게 깊은 인상을 남겼다.

〈옛날 옛적 서부〉의 정치학

종래 레오네 영화의 배경으로 나온 지역이 정확히 어디인지 불명했다면, 〈옛날 옛적 서부〉는 정확한 지리적 영역(애리조나) 안에서 자신의 작업을 맥락화하는 감독의 선택을 볼 수 있다. 물론 예산이 풍부해진 덕분이었다. 포드가 〈역마차〉나 〈황야의 결투〉나 〈서부개척사〉를 촬영한 모뉴먼트 밸리와 같은 '신성한 장소'에서 촬영할 수 있게 되었을 뿐만 아니라 헨리 폰다를 고용할 수도 있게 되었다. 그러나 레오네는 폰다에게 포드와 같이 도덕적으로 비난할 수 없는 캐릭터 중 한 사람을 연기하게 하는 대신, 미국 감독의 특권적인 배우 캐스팅 유형에 반대하여 배우를 섭외하는 히치콕의 아이디어에 따라 그를 가장 흉악한 악당으로 변모시켰다.

이 영화에서 감독의 관심은 철도 건설로 인해 서양의 대초원에 진보가 구현되었다고 믿는 사회 분위기, 그리고 산업시대 미국의 '제2국경'에 초점을 맞추고 있다. 헨리 폰다가 연기하는 검은 옷을 입은 프랭크는 찰슨 브론슨이 연기하는 하모니카(Harmonica: 이스트우드가 연기한 이름 없는 자의 상속자)와 짝을 이루고, 제이슨 로버즈가 연기하는 사형수 샤이엔('waking-dead' Cheyenne)은 쇠퇴하는 국가의 상징으로서 클라우디아 카르디날레(Claudia Cardinale, 1938~)가 연기하는 새로운 미국인 질(Jill)로 이어진다. 그녀는 레오네의 영화에 등장하는 최초의 중요한 여성 존재다. 이 점이야말로 〈옛날 옛적 서부〉가 보여주는 가장 뛰어난 혁신 중 하나라 할 만하다. 이 영화에서 여성은 '모계의 시작'과 '서부의 남성 중심 우주의 종말'을 동일선상에 놓는 혁명의 촉발자로 기능한다.

레오네는 질을 영화 전체는 물론이고 영화에서 묘사되는 공동체의 기준점으로 만들어 지금까지 법을 만든 사람들을 거부하게 만든다. 이처럼 궁극적으로 중요한 재생의 기능을 제공함에도 불구하고 질은 죽음의 징조를 품고 있는 존재다. 이는 그녀가 첫 장면에서 플레그스턴(Flagstone) 역에 도착했을 때 입은 검은 드레스나 피해자의 피를 통해 암시된다. 그것들은 모두 그녀가 직접 개입하는 일 없이도 권력 상승을 더럽힐 수 있다는

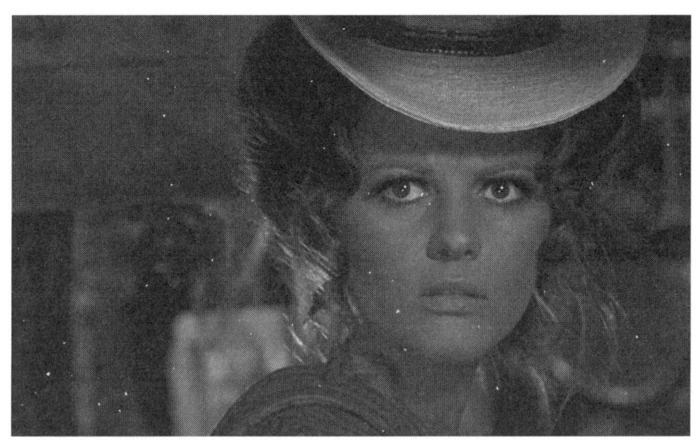

〈옛날 옛적 서부〉에 등장하는 질(클라우디아 카르디날레).

것을 보여준다. 그녀의 새신랑 브렛 멕베인(Brett McBain)과 세 자녀(전통적인 가족을 상징), 그들을 죽이는 프랭크, 누명을 쓰는 샤이언, 철도사업가 모턴은 모두 다 죽는다. '초자연적인' 하모니카는 실제로 죽지는 않지만 결국 공동체에서 제외된다. 프랭크나 샤이엔처럼 그는 질의 새로운 커뮤니티에 뿌리를 내리지 못하는 비사회적 캐릭터이기 때문이다.

질이 매춘부로서 멕베인과의 은밀한 결혼을 통해 자신의 인생을 역전시킬 기회를 노리는 것을 서양 성차별주의의 전통에서는 비난할 수 있지만, 이 영화에서는 그녀의 캐릭터에 드러나는 혁명적인 자질에 아무런 영향을 미치지 못한다. 질의 힘은 그녀가 캐노피 침대에 누워 있는 여왕처럼 하이앵글 샷으로 표현되는데, 그녀가 철도에서 일하는 남자들에게 엄숙하게 물을 주는—마치 여왕벌처럼—마지막 장면은 백미라 할 수 있다. 질은 '새로운 서부 공동체의 약속' 그 자체로 사회주의적 꿈을 서부극으로 가져온 셈이다.

이 영화의 마지막 장면은 자본주의를 상징하는 파괴적인 기계가 노동자의 존엄성과 복지를 위한 길을 닦는 세계가 될 수 있다는 아이러니를 보여준다. 〈옛날 옛적 서부〉는 원시에서 현대 문명으로의 이행을 이야기하면서 그것이 모계제의 부상, 또는 적어도 모계의 새로운 역할과 일치한다는 점을 강조하는 영화다.

1968년, 그리고 〈옛날 옛적 서부〉

〈옛날 옛적 서부〉가 1968년에 개봉되었다는 점에 주목할 필요가 있다. 1968년 5월의 분노한 학생들은 〈옛날 옛적 서부〉를 보기 위해 영화관에 모여들었다. 이와 관련하여 특히 중요한 측면은 대본을 공동 작업한 새로운 시나리오 작가가 베르톨루치였다는 점이다. 베르톨루치는 정치에 대한 열정으로 영화와 결혼한 최초이자 최고의 영화인이었다. 레오네는 좌파 교육을 받았음에도 불구하고 오랫동안 시대에 대한 환멸을 표현하는 수단으로 대중영화를 활용해왔는데, 베르톨루치는 자신의 마르크스주의가 레오네가 지닌 우울과 미적 감수성에 매우 적합하다는 것을 발견했다. 특히 그들은 서부극을 사랑한다는 점에서 같았다.

〈옛날 옛적 서부〉에 대한 베르톨루치의 공헌은 영화에서 질의 역할을 강조했다는 점이다. 이 역할은 제임스 딘(James Dean, 1931~1955)이 주연으로 나온 영화 〈이유 없는 반항〉(Rebel Without a Cause, 1955)으로 유명한 니컬러스 레이(Nicholas Ray, 1911~1979) 감독의 〈쟈니 기타〉(Johnny Guitar, 1954)에서 어두운 술집 여성에서 밝은 철도사업가 여성으로 변모하는 비엔나라는 여주인공을 모델로 삼았다. 레이 영화에 등장하는 긍정적인 여주인공은 여성 캐릭터의 구성에 적지 않은 영향을 미쳤으며, 이 같은 여성 캐릭터의 중요성은 1960년대 후반에 등장한 개척자 여성에 대한 역사적 연구에도 영향을 미쳤다.

1968년 5월 30일, 드골 장군을
지지하는 시위대의 행진.

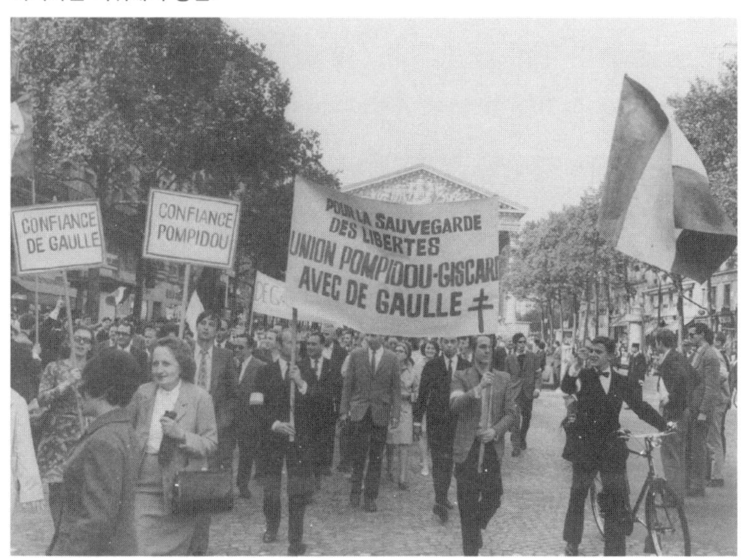

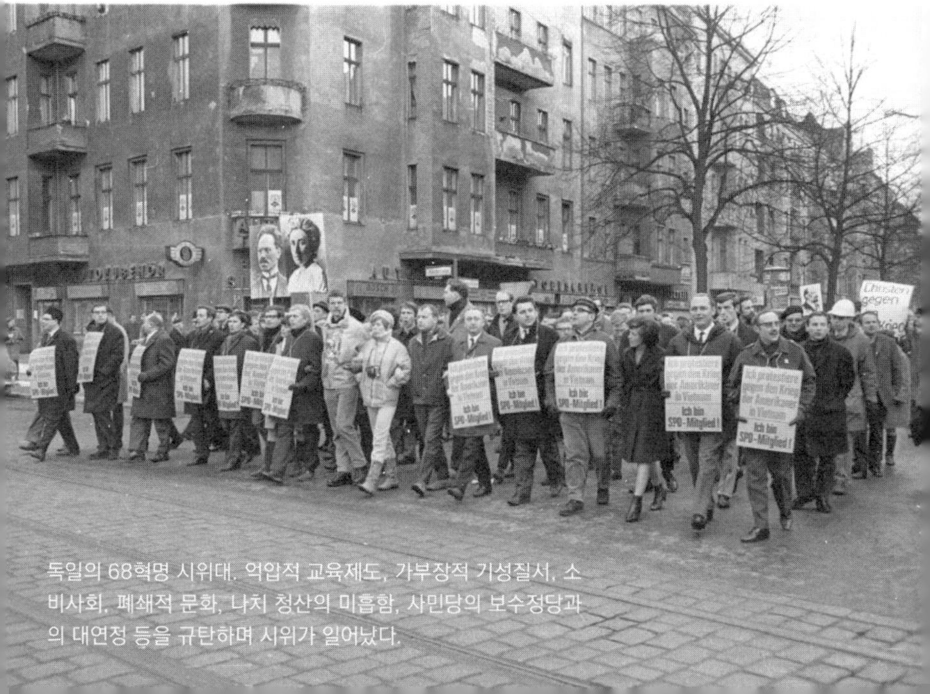

독일의 68혁명 시위대. 억압적 교육제도, 가부장적 기성질서, 소
비사회, 폐쇄적 문화, 나치 청산의 미흡함, 사민당의 보수정당과
의 대연정 등을 규탄하며 시위가 일어났다.

한편 남성들은 전형적인 악인들로 나온다. 프랭크는 물론 악인이고 그의 상관인 모턴은 결핵으로 척추를 잃은 전형적인 자본가다. 다른 모든 등장인물 역시 원시적이고 반도덕적이다. 예외라면 고대 아스텍 종족의 마지막 후손을 연상시키는 하모니카, 그리고 상징 중 가장 생생하고 우화적이며 고대 서부의 종말과 자신의 죽음을 통한 새로운 개척의 시작을 보여주는 샤이엔이다. 레오네의 영화를 감싸고 도는 만연한 향수의 배후에는 시대의 종말감과 '옛날 옛적 옛적에'를 크게 울려 퍼뜨리려는 감독의 확고한 의지가 있다. 따라서 이 영화는 고통스러운 과거와 함께 회의와 환멸로 미래를 바라본다.

모리코네의 음악(이번에는 촬영이 시작되기 전에 작곡, 조율, 녹음했다)도 그러한 분위기를 정성껏 전달하는 데 기여한다. 우선 각 캐릭터에겐 나름의 테마가 있다. 예를 들어 하모니카의 경우 1900년대 초반의 연속 음악에서 파생된 다이제틱 사운드(영화의 등장인물과 관객이 함께 들을 수 있는 소리로 대표적인 것이 대사)로 구성된 음악이 동반된다. 〈옛날 옛적 서부〉의 음악은 기쁨이나 후회 같은 감정에 얽매이는 대신 극복할 수 없는 향수를 전달하는 데 집중한다. 사운드 트랙은 때때로 1940년대 할리우드의 영향을 받았는데, 특히 광대한 공간이나 철도 건설 현장 장면에서 흐르는 주요 테마엔 크레셴도가 적용되곤 한다.

내러티브 관점에서 볼 때 플래시백 기법을 사용한 것은 〈석양의 무법자〉와 〈석양의 갱들〉에서 그랬던 것처럼 이 영화에서도 필수적이다. 회상 장면은 기억을 반추하는 영화에서 빼놓을 수 없는 특징이자 시간의 유연성, 신화적 조건의 생존에 대한 감독의 관심을 입증해주는 장치인 탓이다. 그럼에도 불구하고 레오네는 서로 충돌하는 주제를 자연스럽게 조화시킨다. 인종적 용광로로 묘사된 광활한 철도 건설 현장에 노동자들의 갈등을 해소해주는 매혹적인 여성 인물의 등장 같은 장치가 바로 그렇다. 이런 여성 캐릭터들은 여성-어머니-생명-미래를 동시에 구현하는 현대성의 매력을 자랑한다. 반면, 현대성과 그 제도가 파괴한 낙원에서 피난처를 찾고자 하는 욕구도 나타난다. 후자의 측면은 등장인물이 새로운 유물론적 평민 문화에 의해 점진적으로 위협받고 지배되는 구세계의 상징인 귀족적 인물(프랭크와 그의 부하들이 입은 우아하고 가벼운 코트를 보라)의 모습을 취하는 이유를 설명해준다.

이러한 관점은 산업주의 세계관에 매몰되지 않고 자유로운 생활과 행동 방식에 대한 향수를 표현하고자 했던 전통주의자인 레오네의 입장을 가감 없이 보여준다. 예를 들어 사업가 모튼의 성격은 가장 전형적인 패러다임 아래 표현된다. 골격을 부식시키는 심각한 질병으로 인해 그는 문자 그대로 내부에서부터 썩어가는 사람으로, 부패한 자기 파괴적 자본주의의 가장 분명한 상징이자 이탈리아 정치영화에 종종 등장하는 친숙한 유형이다. 즉 그의 육체적 쇠약은 현금의 힘을 통해 운영되는 체제의 부패를 상징한다. 이는 레오네가 포드와 같은 미국의 이상주의자가 아니라 좌절한 이탈리아의 사회주의자임을 보여준다.

여기에는 포스트모던의 상반된 공존 현상도 다시 나타난다. 현대성에 대한 진보주의적 욕구(또한 영화적 형식의 관점에서)는 신화적이고 우화와 같은 과거, 즉 '옛날 옛적'의 기억, 순수함, 장난기 가득한 세계로의 영원한 귀환에 대한 반동적 매력에 뿌리를 두고 있다. 기차는 레오네의 영화 전반에 걸쳐 거의 항상 명확한 전환을 나타내고, 전통주의와 진보주의라는 두 가지 대조되는 이데올로기 사이, 즉 낡은 것과 새 것 사이의 긴장을 객

관화하는 대상이기에 우화적 중요성을 부여받는다. 이
는 오프닝 크레디트에서 레오네의 이름을 다가오는 기
차의 이미지에 배치함으로써 기차로 대변되는 세계에
자신이 속해 있음을 선언하는 동시에 그것을 분리하고
비판적으로 관찰하는 아이러니에서도 나타난다. 그리
고 기차는 다시 마지막 엔딩 크레디트로도 사용된다.

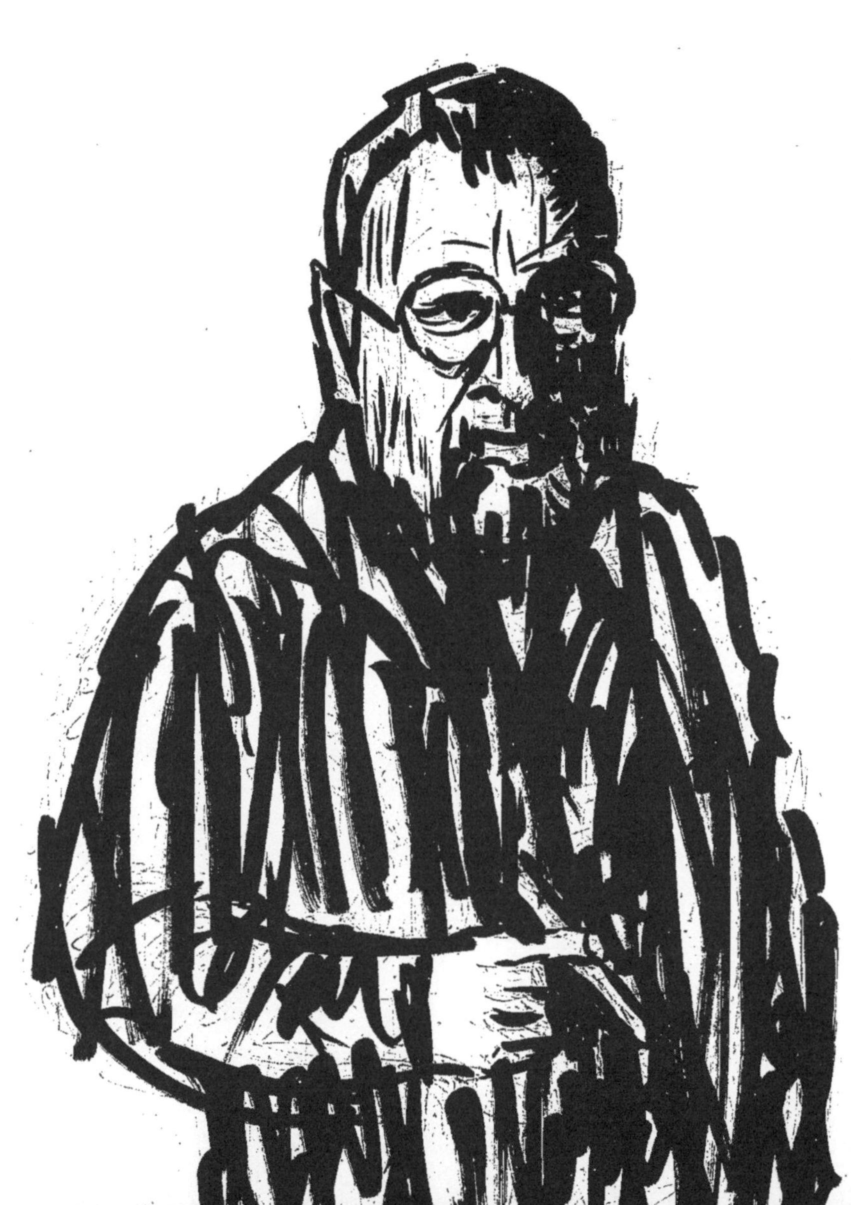

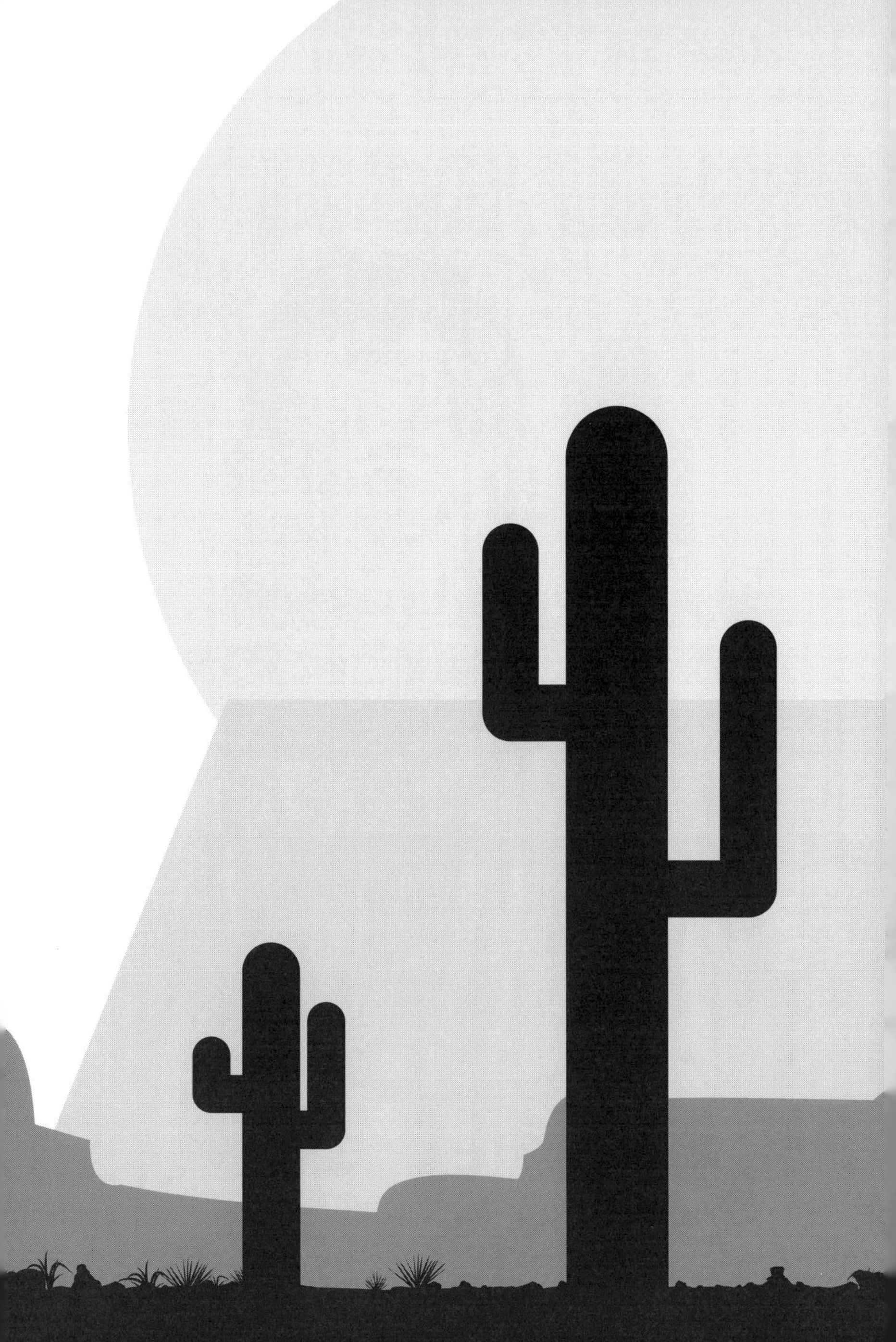

7장 옛날 옛적 혁명

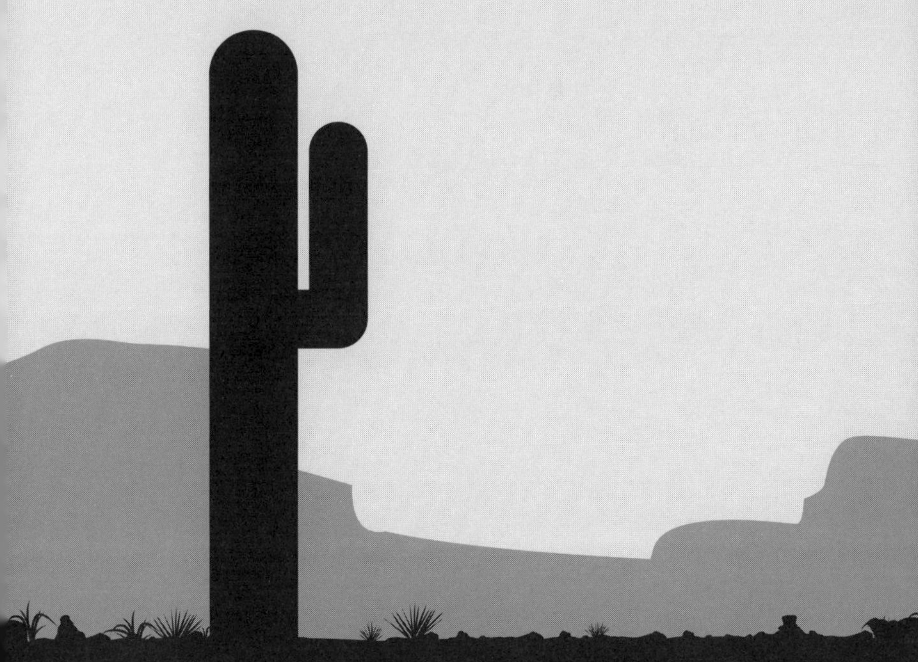

멕시코혁명

세계지도를 보면 미국 밑에 멕시코가 있고, 영국 옆에 아일랜드가 있다. 그래서 멕시코와 아일랜드의 역사는 슬프다. 마치 한국이 중국과 일본 사이에 끼어 있어서 슬픈 역사를 가진 것처럼 말이다. 나는 한국과 동병상련인 멕시코와 아일랜드를 좋아하고 그들을 침략한 미국과 영국을 일본 이상으로 증오한다. 그런데 대부분의 한국인은 멕시코와 아일랜드의 역사에 대해서는 모르고 강대국인 미국과 영국을 좋아한다. 그래서 미국과 영국을 아름다운 나라라는 뜻의 한자(美, 英)로 사용하기도 한다. 이 무슨 어처구니없는 난센스인가!

〈원스 어폰 어 타임 인 멕시코〉라는 영화가 있다. 레오네의 〈원스 어폰 어 타임 인〉 시리즈의 하나로 삼을 수도 있었던 제목인데, 레오네가 붙인 제목은 〈엎드려, 멍청아!〉이다. 〈대가리 숙여, 바보야!〉라고 할 수도 있다. 〈원스 어폰 어 타임 인 멕시코〉(Once Upon a Time in Mexico)라는 제목의 영화는 2003년 로버트 로드리게스(Robert Anthony Rodriguez, 1968~) 감독이 만든 것으로 레오네로 대표되는 스파게티 웨스턴에 대한 애정을 보여주지만 애석하게도 폭력물에 그치고 말았다.

레오네가 〈옛날 옛적 서부〉 다음으로 '옛날 옛적 멕시코'를 소재로 1971년에 만든 영화 〈석양의 갱들〉은 멕시코혁명을 배경으로 삼았다는 점에서 앞의 영화들과 달랐지만, 전작들 역시 미국과 멕시코의 국경 지역이 배경이라는 점을 감안하면 관련성이 전혀 없지는 않다.

우선 멕시코에 대해 간단히 설명하고 싶다. 1519년 스페인의 에르낭 코르테스(Hernán Cortés, 1485~1547)가 멕시코를 침략하기 전, 멕시코 땅에는 아스텍 제국이 번영하고 있었다. 그러나 코르테스가 침략한 지 2년 만에 제국은 무너지고 그 뒤 약 300년 동안 멕시코 땅은 스페인이 지배하게 되었다. 18세기에 들어서 미국독립전쟁과 프랑스혁명, 나폴레옹전쟁 등의 영향을 받아 멕시코에서도 독립의 분위기가 고조되었고, 1808년 나폴레옹에 의해 그의 형이 스페인 왕으로 즉위하자 이에 반발하는 스페인독립전쟁이 시작되면서 멕시코에서도 1810년 독립전쟁이 발발한다. 그리고 오랜 혼란이 이어진다. 1876년부터 30년 이상 독재를 한 포르피리오 디아스(Porfirio Díaz, 1830~1915)가 1910년 선거에서 상대 후보인 프란시스코 마데로(Francisco Ignacio Madero, 1873~1913)를 체포, 감금하자 이 사건을 계기로 하여 멕시코혁명이 시작된다. 멕시코혁명 당시 멕시코 땅의 4분의 3은 로마 가톨릭교회의 소유였다. 멕시코의 올리버 크롬웰이라 불렸던 베니토 후아레스(Benito Pablo Juárez García, 1806~1872) 대통령은 새 헌법을 만들어 예수회를 추방하고 가톨릭교회의 재산을 몰수한다. 후아레스가 예수회에 암살당한 후 쿠데타를 일으켜 재집권에 성공한 디아스는 몰수한 가톨릭교회의 땅을 가톨릭교회에 되돌려주고 대지주들의 이익을 대변하는 정책을 펼친다. 이에 농민들은 무기를 들고 일어나 멕시코혁명을 일으켰고 디아스는 망명하게 된다.

판초 비야(Fransico "Pancho" Villa, 1878~1923)와 에밀리아노 사파타(Emiliano Zapata, 1879~1919) 등이 이끈 혁명군은 노선의 차이에도 불구하고 합심하여 정부군을 물리치고, 1917년에 혁명 헌법을 반포함으로써 혁명은 일단락된다. 그러나 혁명이 끝난 뒤에도 지도자들 간의

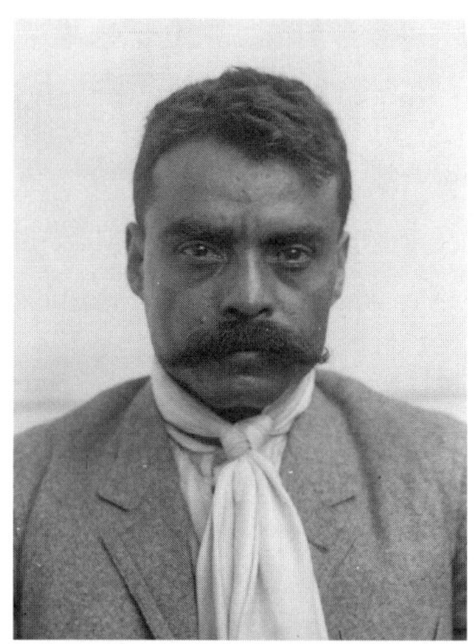

멕시코혁명의 영웅 에밀리아노 사파타.

노선 대립으로 정치적 불안 상태는 계속된다. 멕시코혁명으로 말미암아 1929년에 결성된 국민혁명당(1949년에 '제도혁명당'으로 개칭)은 2000년 멕시코 총선에서 패배할 때까지 권력을 장악한다.

〈석양의 갱들〉 이전에 멕시코혁명을 다룬 영화들에서는 비야나 사파타가 주인공으로 등장했다. 1952년 미국 감독 엘리아 카잔(Elia Kazan, 1909~2003)이 말론 브랜도(Marlon Brando, 1924~2004)를 주연으로 하여 만든 〈혁명아 사파타〉(Viva Zapata!)나 1968년 율 브리너(Yul Brynner,

1920~1985)를 주연으로 버즈 쿨릭(Buzz Kulik, 1922~1999)이 감독한 〈판초 비야〉(Villa Rides)가 대표적이다.

〈혁명아 사파타〉는 대부호인 지주에게 땅을 빼앗긴 농민들이 대통령 포르피리오 디아스를 찾아가 항의하는 장면으로 시작한다. 대통령은 법을 고쳐서 땅을 찾게 해줄 테니 기다리라고 말하지만, 농민들은 당장 옥수수를 심어야 하고 그렇지 못하면 가족들이 굶어 죽을 수밖에 없다며 땅을 찾게 해달라고 애원한다. 이 항의에서 농민 사파타는 혁명가로서 각성하여 혁명지도자 프란시스코를 만나게 된다. 이후 잃어버린 땅을 되찾는 투쟁에서 공을 세우지만 프란시스코의 야심 때문에 농민들은 정작 땅을 돌려받지 못하고 사파타는 좌절한다. 그 뒤 경찰이 사파타의 마을을 습격하여 무차별 살육을 감행하자 사파타는 반격을 감행한다. 그러나 이 사건으로 사파타는 무법자로 몰리고, 그와 동료들은 산속으로 도피한다. 산속에서 그는 정치 운동가이자 기자인 페르난도 아기레를 비롯해 혁명을 꿈꾸는 여러 사람을 만나게 되고, 그들과 함께 디아스 정권에 대항하기 시작한다. 결국 사파타는 디아스 정권을 몰아내고 정권을 잡지만 문맹이었던 그는 농민들과 함께하겠다며 대통령

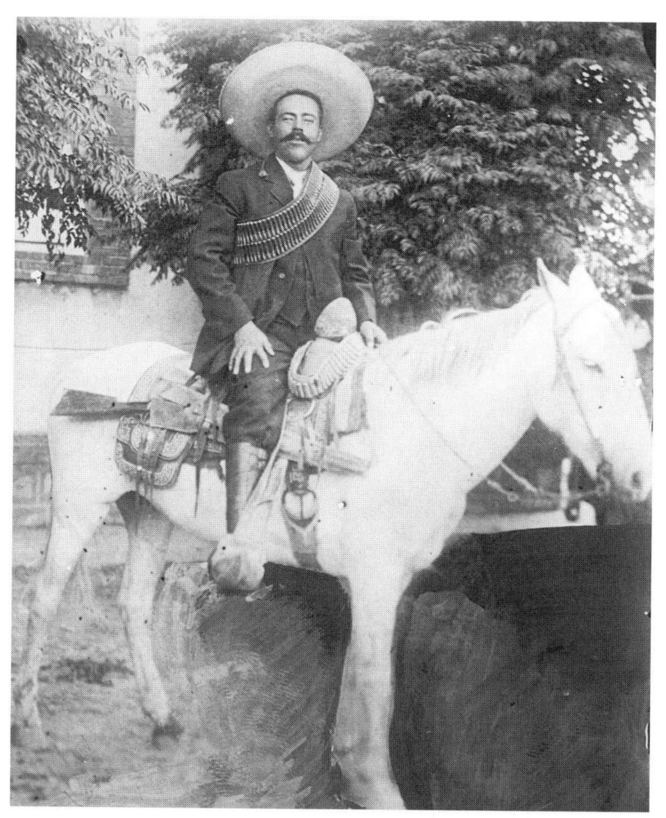

멕시코혁명기에 활동한 장군 판초 비야.

직도 물리치고 산속으로 들어가 혁명군의 편에 남아 싸우다가 배신한 옛 동료의 함정에 빠져 최후를 맞는다. 비극적인 죽음으로 인해 그는 더욱 유명해졌고, 멕시코인들은 그가 지금도 죽지 않고 산속에서 자신들을 지켜주고 있다고 믿고 있다. 사파타는 불굴의 용기와 신념으로 억압의 체제와 악법에 맞서 싸운 멕시코의 영원한 전설이 되었다.

반면 〈판초 비야〉에서는 비야가 명예와 오만에 찌든 부패한 인물로 표현되고, 휘하 혁명군도 입으로는 독립을 외치면서 실제로는 힘없는 민중을 수탈하는 도적떼로 나온다. 영화는 비야보다도 비야의 군대에 잡힌 미국인 조종사에게 초점을 맞추고 있다. 영화에 나오지 않는 비야의 생애는 1878년 농장 노동자의 아들로 태어나 노동자로 살다가 누이를 죽인 농장주를 죽이고 산적이 되어 멕시코혁명에 참여하는 것으로 시작한다. 마데로가 암살된 뒤 비야는 사파타와 함께 멕시코시티에 입성하였으나, 미국과의 게릴라전에 패배하여 도망을 다녀야 했다. 제1차 대전 후 미군이 멕시코에서 철수하자 비야는 당시 멕시코의 카란사 정권에 도전해 그를 죽이고 정권을 잡지만 암살당한다.

아일랜드혁명과 세계대전

1913년 초부터 1914년 중반까지의 멕시코혁명을 배경으로 한 〈석양의 갱들〉은 무지한 원주민 무법자인 후안 미란다가 주인공으로 나오는 점에서 레오네의 앞 영화들과 통한다. 〈석양의 갱들〉은 멕시코혁명을 배경으로 하지만 두 명의 주인공 중 한 명을 아일랜드 혁명가로 등장시켜 두 개의 혁명을 연결한다.

아일랜드는 1169년 잉글랜드의 침략 이후 영국의 식민지가 되었으나, 19세기 중반에 일어난 감자 대기근 이후 영국에 저항하기 시작했다. 19세기에서 20세기에 걸쳐 수많은 무장봉기를 일으켰지만, 영국군에 의해 진압되어 독립은 좌절되었다. 제1차 세계대전 전에 영국은 아일랜드 자치를 인정하고자 했으나 전쟁이 터지면서 아일랜드 자치 문제는 전쟁이 끝날 때까지로 미뤄졌다. 그러자 1916년 독립전쟁의 서막으로 불리는 '부활절 봉기'*가 터졌고 아일랜드 공화국군(IRA)이 조직되어 영

---

* 1916년 4월 부활절 주간에 아일랜드인들이 영국에 대항해 일으킨 무장항쟁이다. 이 사건은 아일랜드 독립운동에서 1798년의 '청년 아일랜드인 협회'의 항쟁 이후 가장 중요한 항쟁으로 여겨진다. 주도 세력은 교사이자 변호사였던 패트릭 피어스가 이끈 아일랜드 의용군이었고, 좀 더 작은 규모로 사회주의 사회를 건설함

POBLACHT NA H EIREANN.

THE PROVISIONAL GOVERNMENT
OF THE
IRISH REPUBLIC
TO THE PEOPLE OF IRELAND.

IRISHMEN AND IRISHWOMEN   In the name of God and of the dead generations from which she receives her old tradition of nationhood, Ireland, through us, summons her children to her flag and strikes for her freedom.

Having organised and trained her manhood through her secret revolutionary organisation, the Irish Republican Brotherhood, and through her open military organisations, the Irish Volunteers and the Irish Citizen Army, having patiently perfected her discipline, having resolutely waited for the right moment to reveal itself, she now seizes that moment, and, supported by her exiled children in America and by gallant allies in Europe, but relying in the first on her own strength, she strikes in full confidence of victory.

We declare the right of the people of Ireland to the ownership of Ireland, and to the unfettered control of Irish destinies, to be sovereign and indefeasible.   The long usurpation of that right by a foreign people and government has not extinguished the right, nor can it ever be extinguished except by the destruction of the Irish people   In every generation the Irish people have asserted their right to national freedom and sovereignty, six times during the past three hundred years they have asserted it in arms.   Standing on that fundamental right and again asserting it in arms in the face of the world, we hereby proclaim the Irish Republic as a Sovereign Independent State, and we pledge our lives and the lives of our comrades-in-arms to the cause of its freedom, of its welfare, and of its exaltation among the nations.

The Irish Republic is entitled to, and hereby claims, the allegiance of every Irishman and Irishwoman.   The Republic guarantees religious and civil liberty, equal rights and equal opportunities to all its citizens, and declares its resolve to pursue the happiness and prosperity of the whole nation and of all its parts, cherishing all the children of the nation equally, and oblivious of the differences carefully fostered by an alien government, which have divided a minority from the majority in the past.

Until our arms have brought the opportune moment for the establishment of a permanent National Government, representative of the whole people of Ireland and elected by the suffrages of all her men and women, the Provisional Government, hereby constituted, will administer the civil and military affairs of the Republic in trust for the people.

We place the cause of the Irish Republic under the protection of the Most High God, Whose blessing we invoke upon our arms, and we pray that no one who serves that cause will dishonour it by cowardice, inhumanity, or rapine.   In this supreme hour the Irish nation must, by its valour and discipline and by the readiness of its children to sacrifice themselves for the common good, prove itself worthy of the august destiny to which it is called.

Signed on Behalf of the Provisional Government,

THOMAS J. CLARKE.

SEAN Mac DIARMADA,   THOMAS MacDONAGH,
P. H. PEARSE,   EAMONN CEANNT,
JAMES CONNOLLY.   JOSEPH PLUNKETT.

1916년 부활절 봉기 당시 패트릭 피어스가 GPO 밖에서 읽은 부활절 선언문.

국에 대한 무장 독립운동을 벌이기 시작했다. 두 명의 주인공 중 한 명인 션 멜로리(Sean Mallory, 제임스 코번 분)가 IRA의 폭파전문가였던 사람이다.

〈석양의 갱들〉은 또한 세계대전을 상기시킨다. 가령 왕(영화에서는 돈 자이메(Don Jaime) 주지사)의 도망, 9월 8일이라는 날짜(후안의 가족이 몰살되는 아르디틴(Ardeatine)의 참호와 유사한 산 이시도르 동굴), 나치 수용소들인 다카우나 마타우센에 있는 참호나 사형용 구멍(대통령 빅토리아노 후에르타(Victoriano Huerta, 1850~1916)의 명령으로 레자(Günter Reza) 대령의 부하들이 멕시코 시민 수백 명을 대량 학살하는 장소) 등이다. 레오네는 젊은 날의 무솔리니와 매우 닮은 얼굴의 인간까지 뽑아 제복을 입혔다(모든 것을 버리고 도망치기 위하여 신부로 변장하지만 다시 체포되어 벽에 붙은 듯한 상태로 사살된 병사). 이러한 장면들은 전쟁이나 혁명을 암시하기 위한 일종의 '기호'라고 하면서 그것이 아

으로써 진정한 자유를 바란 사회주의자 제임스 코놀리가 이끈 아일랜드 시민군도 연합작전을 펼쳤다. 이들은 기습작전을 통해 더블린의 주요 거점을 점령하고 영국으로부터 독립한 '아일랜드공화국'을 선언했다. 부활절 선언은 더블린 중앙 우체국에서 패트릭 피어스가 낭독했다. 더블린 외에 아일랜드의 다른 지역에서도 봉기가 있었으나, 카운티 메스의 애쉬본을 제외하면 그다지 성공적이지 못했다. 봉기는 영국군과의 6일간의 교전 끝에 진압되었으며, 지도자들은 군사재판에 회부되어 처형되었다. 그러나 이 사건은 무장투쟁 전통의 공화주의를 아일랜드 정치의 전면으로 부각시키는 데 결정적인 역할을 했다.

일랜드이든 스페인이든 또 다른 곳이든 장소는 문제가 아니라고 하면서 멕시코혁명 역시 하나의 상징에 불과하다고 레오네는 말했다(Frayling 324).

그 밖에 영화에 등장하는 여러 장면이 제2차 세계대전과 연관된다. 가령 나치 전차부대 지휘관을 연상시킬 정도로 반동적이고 잔인한 귄터 레자 대령, 유대인들을 파멸의 땅 폴란드로 데려간 열차와 유사한 가축 운반용 화물열차, 그리고 1943년부터 45년까지의 레지스탕스를 상기시키는 혁명부대의 기습작전, 파시즘 최후의 퇴폐와 잔학성을 연상시키는 후에르타 정부 관리들의 권력에 대한 집착 등이다.

그러나 레오네는 〈석양의 갱들〉은 무엇보다도 우정에 대한 영화임을 강조했다. 건달 갱과 지식인 갱 사이의 우정이다. 지식인은 언제나 그렇듯이 건달을 무시하는 자기중심적인 인물이다. 그런데 보통 지식인이 건달에게 설교하는 것과 달리 이 영화에서는 건달이 지식인을 설득하여 그가 가진 바쿠닌의 아나키즘 책까지 버리게 한다.

정치적 서부극

할리우드 영화에서 멕시코는 피난처, 도피처, 소란스러운 매혹의 나라, 잃어버린 이상을 추구하여 찾아가는 곳, 잔혹한 악한들을 번식시키는 온상을 상징하는 곳이었다. 1911년부터 1919년까지 계속된 멕시코혁명은 할리우드 영화에서 미국인 영웅이 소위 '남자다움'을 마음껏 발휘하는 장소로 묘사되었다. 앞에서 본 로버트 앨드리치가 감독한 〈베라크루스〉에서는 남북전쟁 후 모험을 추구하는 무법자 총잡이 조 에린(버트 랭카스타 분)과 남부 신사 벤 트레인 대령(게리 쿠퍼 분)이 그런 인물로 그려졌다. 또 리처드 브룩스(Richard Brooks, 1912~1992) 감독의 〈4인의 프로페셔널〉(The Professionals, 1966)에서는 자본가의 아내(클라우디아 카르디날레 분)를 '멕시코의 최고 악당'에게서 구출하는 4명의 무기 전문가 미국인(여기에도 버트 랭카스타가 등장한다)들이 그려졌다. 이탈리아의 서부극은 할리우드가 멕시코혁명을 왜곡하는 영화를 제작한 데 대한 항의로 나온 것이다.

먼저 정치적 서부극은 1966년 다미아니 다미아노(Damiano Damiani, 1922~2013) 감독의 〈장군에게 총알을〉(Quién sabe?, '누가 알아?'라는 뜻. 영어 제목은 'A Bullet for the General')로 시작되었다. 영화는 멕시코혁명이 한창이던 시기에, 근사한 양복을 입은 비밀스러운 남자 빌(루 카스텔 분)이 탄 정부군 무기 운송 기차가 엘 춘초(잔 마리아 볼론테 분)와 산토(클라우스 킨스키 분) 형제가 이끄는 도적떼의 습격을 받는 것으로 시작한다. 빌은 도적단을 도와 무기를 탈취하게 하고 도적단에 합류한다. 가난한 농민 출신인 엘 춘초는 자신의 의지와 무관하게 혁명에 휘말리면서 혁명가로 변해간다. 빌은 멕시코혁명의 영웅을 암살한 혁명의 적으로 춘초가 쏜 총알을 맞고 왜 죽이는지를 묻자, 춘초는 "몰라! 누가 알아?"라고 답하고, 거리의 노동자에게 빵이 아니라 다이너마이트를 사라고 말한다.

이 영화의 각본을 공동집필한 프랑코 솔리나스(Franco Solinas, 1927~1982)는 그가 질로 폰테코르보(Gillo Pontecorvo, 1919~2006) 감독과 공동 작업한 〈알제리 전투〉(La battaglia di Algeri, The Battle of Algiers, 1966)를 대중적으로 각색한 것이 〈장군에게 총알을〉이라고 했다. 〈알제리 전투〉는 프랑스가 1830년부터 식민지로 지배한 알제리에서 1954년부터 1962년까지 벌어진 전쟁을 다룬 영화인데, 프랑스 의회는 전쟁이 끝난 지 37년 만인 1999년 6월에야 그것이 '전쟁'이었음을 인정했다. 게릴라전, 민간인 학살, 고문, 테러 진압 작전 등 복잡한 성격을 보여준 그 전쟁의 원형이 바로 멕시코혁명이다.

네오리얼리스모스적인 각본으로 영화계에 들어온 다미아노는 〈장군에게 총알을〉이 서부영화가 아니라 멕시코혁명에 대한 영화라고 하면서 〈알제리 전투〉와의 구조적 유사성을 강조했다. 즉 두 영화 모두 식민자와 피식민자 사이의 투쟁을 다룬 것으로 피식민자가 '허위의식'을 버리고 압제자를 공격할 때 혁명의 의의를 이해하게 된다는 주제이다. 〈장군에게 총알을〉에는 레오네의 〈석양의 갱들〉과 유사한 캐릭터들이 등장하는데, 사파타가 활약한 멕시코혁명을 배경으로 했다는 점에서 '사파타 웨스턴'이라고도 불린다. 우리나라에는 비디오도 나와 있고 EBS 명화극장 등에서도 상영되었다. 다미아노는 〈무숙자〉(My Name Is Nobody, 1973)의 감독으로 우리에게 친숙한데, 영화의 제작을 맡은 사람이 레오네다.

네오리얼리스모스에 속하는 카를로 리차니(Carlo Lizzani, 1922~2013)도 1967년 〈편안히 쉬소서〉(Requiescant, Kill and Pray)라는 영화를 만들었다. 텍사스에 병합된 토지에서 일어난 대학살 때의 유일한 멕시코인 생존자가 그 학살에 책임이 있는, 여성을 혐오하는 인종차별주의자인 남부연방의 장로를 찾아내는 것으로 영화는 시작한다. 그러나 그 생존자는 진보적인 건맨 목사(파졸리니 분)에 의해 혁명운동가로 전향한다. 목사는 생존자에게 이렇게 말한다.

우리의 목적은 스스로를 해방하는 것입니다. 그리고 이 성서야말로 우리에게 자유를 줍니다. …사상이야말로 우리에게 가장 중요한 것으로 반드시 변혁해야 하는 것입니다.

레오네와 함께 스파게티 웨스턴의 쌍벽이라고 불리는 세르조 코르부치(Sergio Corbucci, 1926~1990)도 멕시코혁명을 배경으로 한 〈표범, 황혼에 떠나가다〉(Il mercenario, A Professional Gun, 1968)와 〈황야의 동업자들〉(Vamos a matar compañeros, 1970)을 만들었으나 평은 좋지 못했다.

레오네의 멕시코에 대한 관심

〈옛날 옛적 서부〉 이후 레오네는 서부극을 포기하기로 하고 문학작품에 관심을 돌렸다. 그가 선택한 책은 마리오 푸조(Mario Puzo, 1920~1999)의 『대부』(The Godfather, 1969)로, 뒤에 프랜시스 포드 코폴라(Francis Ford Coppola, 1939~)가 감독해 영화화한 작품이었다. 레오네는 다음과 같은 이유로 그 작품의 영화화를 포기했다.

나는 그 이야기를 별로 좋아하지 않았다. 느낌이 오지 않았기 때문이다. 그도 그럴 것이 대부분 앙상블 이야기였다. …주인공은 가족 공동체로서의 마피아였을 뿐 개인적인 캐릭터가 아니었다. 이야기에는 많은 인물이 모자이크되어 나오는데 그들은 각각 배경으로 강등되었다. 반면 내 영화는 전적으로 고립된 개인을 중심으로 전개된다.

레오네는 〈옛날 옛적 미국〉을 제작한다는 오래된 꿈 외에도 몇 가지 새로운 아이디어를 가지고 있었다. 즉 〈바람과 함께 사라지다〉의 리메이크, 그가 사랑하는 셀린의 소설 『밤의 끝까지 여행을』의 영화화(장 르누아르, 마르셀 카르네(Marcel Carné, 1906~1996), 르네 클레망(René Clément, 1913~1996) 같은 감독들도 이 작품의 영화화에 관심을 가졌다), 그리고 무솔리니의 마지막 날들에 대한 영화 제작이었다. 또한 현대 미국을 배경으로 한 돈키호테에 관한 영화도 구상하고 있었다. 그 영화에서 미국인은 돈키호테로 대표되고, 유일하게 긍정적으로 묘사되는 산초는 유럽인을 대표하여 미국에 대해 여러 가지를 알고자 하는 인물로서 〈석양에 돌아오다〉의 투코처럼 묘사될 터였다.

그런 가운데 레오네는 정치적 서부영화에 관심을 갖게 되었고, 이어 멕시코혁명의 영웅인 판초 비야에 관한 영화를 구상하기 시작했다. 레오네는 타고난 아나키스트인 비야가 전과가 있는 혁명가를 우연히 만나 그에게 이용당하는데, 혁명가는 혁명이 환상이었음을 깨닫는 반면 아나키스트는 혁명의 소용돌이에 휘말린다는 내용의 각본에 흥미를 느꼈다. 각본에서 비야를 후안으로 바꾸고 혁명가를 친구로 바꾸어 영화로 제작한 것이 바로 〈석양의 갱들〉이다.

레오네는 영화에 셀린의 소설을 연상하게 하는 장

면들도 많이 넣었다. 가령 강탈하려는 은행을 천국의
문과 같은 황금의 문이라고 말하면서 션의 머리 위로
은행과 함께 성스러운 빛이 감도는 것을 상상하는 장면
처럼 은행을 신성화하는 장면, 착취하는 지배계급이 원
주민들을 비웃는 장면 등이다. 영화의 첫 장면에서 후
안은 신부, 지주 부부, 변호사, 미국인 등에게 매도당한
다. 그들은 멕시코 민중을 '짐승, 죄다 무식한 짐승'이라
고 욕하며 '혼숙하는 시궁창의 쥐들'에 비교한다. 그러
자 미국인은 흑인도 마찬가지라고 거든다. 마데로는 민
중에게 권력과 토지를 주려고 했다가 신에게 죽임을 당
했다고도 말한다.

<석양의 갱들>의 줄거리

영화는 마오쩌둥(毛澤東, 1893~1976)의 다음 말을 인
용하는 것으로 시작한다.

혁명은 화려한 만찬도, 언어의 유희도, 한 폭의 자
수(刺繡)도 아니다. 그것은 조용히, 서서히, 조심스럽

게 앞뒤를 가리며 점잖게 순순히 성취될 수 있는 것
이 아니다. 혁명의 본질은 폭력이다.

마오쩌둥의 원전에서는 위의 문장에 이어 "혁명에
의해 하나의 계급이 또 하나의 계급을 전복한다"는 문
장이 나오지만, 레오네는 그 부분을 뺐다. 이어 나무 위
를 오르는 개미 무리에게 누군가가 오줌을 싸는 장면
이 나온다. 카메라가 왼쪽을 비추면 맨발이 보이고 성
기를 흔드는 남자의 실루엣이 비춰진다. 그리고 멕시코
인 후안의 얼굴이 나온다. 멀리서 폭발음이 들리자 그
는 귀를 기울인다. 영화의 마지막에는 후안의 얼굴에서
'GIULA TESTA(머리를 숙여라, 엎드려라, 즉 '휘말리지 마라'라
는뜻)' 말이 나와 화면 전체를 채운다. 모든 일에 무관심
했던 자가 폭약전문가인 아일랜드인 션을 우연히 만나
혁명에 휘말려가는 과정에서 소중한 것을 모두 잃는 유
치한 혁명가가 되어가는 것으로 영화는 끝난다. 레오네
에 의하면 아일랜드인은 멕시코인에게 양심을 선물했
다. 그래서 그는 영원히 방황하는 영혼이 된다.

영화는 첫 장면에서 후안이 거지 차림으로 귀족의
마차에 탑승해서 일부러 촌뜨기처럼 행동하는 장면과

함께 귀족들이 화려한 식사를 즐기면서 후안에게 비인간적인 모독을 가하는 모습을 클로즈업하여 보여준다. 하지만 곧 마차 밖에서 후안의 가족들이 마차꾼과 저항자를 쏴 죽이고 마차와 귀족들의 귀중품을 뺏는다. 후안은 귀족 여자를 끌고 가서 강간하고 귀족들을 발가벗겨 한꺼번에 돼지우리에 던져 넣는다. 그렇게 시골 촌구석에서 가족 노상 강도단을 이끌던 후안은 폭약전문가인 아일랜드인 션을 우연히 만난다. 션이 다루는 폭약의

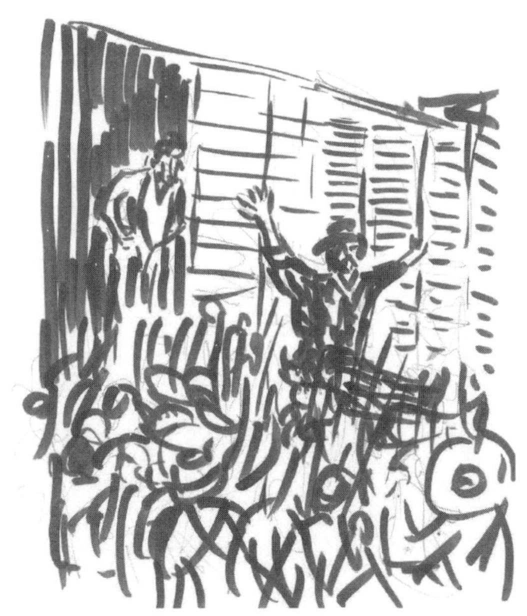

〈석양의 갱들〉 주인공 후안과 션(©박홍규).

폭발력을 본 후안은 션에게 메사 베르데 은행을 함께 털자고 권유하지만, 션은 냉소적인 표정을 보이면서 거절한다. 후안은 션의 짐을 털다가 그가 IRA에 관련되었고 현상금이 걸린 수배자임을 알게 된다. 션은 아일랜드에서 혁명에 가담하였으나 믿었던 동료에게 배신당한 뒤로 혁명에 대해서 냉소적으로 되었다. 하지만 후안은 포기하지 않고 그를 포섭하려 든다. 그 와중에 서로 티격태격하다가 메사 베르데에 각각 도착하지만, 후안은 그곳에서 혁명에 가담한 사람들이 정부군에 의해 줄줄이 죽어 나가는 모습을 목격한다. 션은 무슨 생각에서인지 후안을 돕기로 하고 함께 은행을 습격하지만, 후안은 목표로 했던 은행의 돈을 털지 못하고 엉겁결에 150여 명의 혁명당원들을 구해 혁명의 영웅이 된다. 정부가 혁명을 두려워해서 은행의 돈을 미리 옮긴 것을 알고 있었던 션이 후안을 이용하여 혁명당원들을 구한 것이다.

실망한 후안은 미국으로 가서 은행 강도를 하기로 하고, 가족들을 먼저 도망가게 한 후에 션과 함께 정부군의 추격을 저지하는 데 성공한다. 하지만 누군가의 밀고로 후안의 가족과 혁명당원들이 모두 살해당한다. 이에 분개한 후안이 홀로 정부군에 맞서다가 붙잡혀 정부군에 의해 총살당할 위기에 처하는데, 그 순간에 션이 나타나 "엎드려, 멍청아!"라고 소리지르며 후안을 구해 도망치고, 이후 마지막 전투를 준비한다. 그러나 멕시코 혁명에도 아일랜드에서와 마찬가지로 배신자가 있었다. 배신자 때문에 이미 혁명은 실패한 것이나 다름없었다. 그러나 션은 혁명당원들이 준비해준 열차를 타고 정부군의 열차에 정면으로 충돌시킨 다음 정부군 간부가 쏜 총에 맞고 과거를 회상하며 죽는다.

<석양의 갱들>의 정치학

<옛날 옛적 서부>에 드러났던 레오네의 향수는 영화 역사상 가장 강렬한 <석양의 갱>에서 더욱더 강조된다. 북아일랜드의 혁명가 출신인 '션'이라는 이름에 대한 강박적인 반복은 과거 사건의 강력한 부활을 알리는 장치이다. IRA 혁명가였던 션은 또 다른 혁명인 멕시코 혁명의 한가운데서 자신을 발견한다. 우에르타가 마데로 대통령을 암살한 후, 판초 비야와 에밀리아노 사파타가 이끄는 게릴라들은 프롤레타리아 혁명의 정점을 알

리는 새로운 독재자를 죽이려고 한다.

　여기서 레오네는 반영웅주의적 행동의 배경으로 〈석양의 무법자〉에서보다 훨씬 더 정확한 역사적, 사회적 맥락을 선택한다. 그러나 그의 작품에서 가장 명백하게 정치적인 주인공은 션과 후안으로 구성된 듀오이다. 즉 〈석양의 무법자〉에 나오는 '추한 놈' 투코의 후예인 멕시코인 후안, 그리고 아일랜드 혁명가 출신인 션이다. 〈석양의 갱들〉은 또한 멕시코를 배경으로 삼는 동시에 미국을 보여주는 영화이기도 하다. 〈옛날 옛적 서부〉는 첫 번째 미국 영화이고, 〈옛날 옛적 미국〉은 그 마지막 작품이다.

　〈석양의 갱들〉의 최초 제목은 〈옛날 옛적 혁명〉(Once Upon a Time in Revolution)이었다. 주제는 이데올로기에 대한 투쟁과 헌신이었다. 따라서 레오네의 마지막 서부극인 이 영화는 그의 정치적 담론이 은유나 신화적 변형에 의해 더욱 명확해졌음을, 그리고 정치적 참여에 대한 레오네의 반감이 절정에 이르렀음을 보여준다.

　정치적 환멸을 불러일으키는 이 작품은 어쩌면 레오네의 정치적 유언인지도 모른다. 개인적인 분노가 절정에 달했을 때, 다시 말해 체코슬로바키아를 점령한 소련 전차를 보면서, 1960년대 말부터 1970년대 초까지 이 탈리아에 만연했던 파시스트적인 이데올로기의 부활을 목격하면서 작품을 만들었기 때문이다. 그가 선언하듯 "이러한 사건들은 내가 영화에서 보여준 나의 아나키즘 선택에 확신을 주었을 뿐"이었다.

이 같은 배경은 그의 영화가 미국에서 반향을 불러 일으킨 이유를 충분히 설명해준다. 미국이 베트남전쟁 에서 실패하는 상황과 곧이어 닥친 워터게이트 사건으 로 상징되는 추악한 시대의 서막과 겹치기 때문이다. 이 로써 영화는 계급의 전복 없이 이상이 죽어가는 혁명의 부정적인 측면을 적나라하게 보여준다. 그래서 영화 첫 부분에 나오는 마오쩌둥의 인용문에서 레오네가 '혁명 이란 하나의 계급이 다른 계급을 뒤집는 폭력 행위'라 고 한 부분을 생략했는지도 모른다.

따라서 두 주인공은 레오네의 다른 어떤 캐릭터에 서보다 감독 자신의 모순된 얼굴을 대변한다. 두 주인공 은 이데올로기의 수호자는 아니지만, 반역자이고 허약 하며, 개인주의적인 반영웅들이다. 션은 아일랜드공화 국 군대의 전직 군인으로 지금은 자본가들을 위해 다 이너마이트로 산을 폭파하고 있으며(그의 고용주는 독일

광산 소유주인 아셴바흐(Aschenbach)다), 콘래드(Joseph Conrad, 1857~1924)의 소설 『로드 짐』(Lord Jim, 1900)의 새로운 버전인 듯 짐이 말레이시아에서 죽는 것처럼 멕시코에서 죽는다. 사회적 또는 정치적 투쟁의 모범으로 묘사되지 않는 가난한 악당 후안도 마찬가지다(그는 실제로 '혁명은 암과 같은 질병'이라고 믿는다).

아이러니한 것은 후안의 본능적 저항이 그를 혁명가로 이끈 반면, 션의 지적 반항은 정작 행동할 때가 되면 무너진다는 점이다. 두 사람은 또한 점점 더 잔인하고 혼란스럽고 이해할 수 없는 환경에서 살아남기 위해 서로 다른 방법을 구현한다. 태고의 자연을 사는 멕시코인은 서부극의 전통 무기(권총과 산탄총)의 도움을 받아 현대 세계의 정글과 맞설 수 있다고 생각한다. 〈옛날 옛적 서부〉의 기관차가 진보의 상징으로 쓰인 것처럼 아일랜드인 션은 다이너마이트가 만들어낸 연기구름 속에—기적적으로 떠오른 구세주처럼—오토바이를 타고 영화의 시작 부분에 등장한다. 그들은 뚜렷한 두 개의 혁명 전략을 가지고서 한편으로는 산적처럼 행동하고, 다른 한편으로는 20세기 초 피지배 국가의 아나키스트들이 사용했던 군사 작전 중 하나인 테러리즘을 구사한다.

후안과 션은 서로 끌린다. 이는 정의, 도덕성, 개인적 자유에 대한 공통된 감각, 가족과 자녀에 대한 사랑, 제도화된 국가법에 대한 불신으로 나타난다. 그러나 두 주인공은 멕시코인(후안), 아일랜드인(션) 및 기타 국적을 가진 사람들을 모아 미국의 용광로를 탄생하게 만든 바로 저 '아메리칸 드림'에 의해 통합된다.

후안은 레오네의 모든 영화에서 '가장 바흐친적'인 카니발 캐릭터로, 주로 저주와 모욕으로 표현되는 공개적 광장 언어 사용자다. 라블레(François Rabelais, 1483/1494~1553)의 작품에서와 마찬가지로 그는 생명의 물질적 원리를 의인화한 인물이다. 이는 곧 죽음의 원칙을 구체화하는 션의 대척점에 서서 '먹고 마시며, 생리적 욕구를 가지고, 성적인 영역의 육체 이미지'와 결부된다.

레오네는 영화 경력을 쌓는 동안 고상함과 저속함이 실제로 생산적으로 공존할 수 있음을 보여주고자 하는 포스트모던적인 충동을 드러냈다. 이는 레오네 영화의 대본을 공동 작업한 베르톨루치나 스스로 서부극 영화에 참여한 파졸리니 같은 감독에게서도 볼 수 있는 점이었다. 또한 레오네는 앞에서도 말했듯이 채플린, 포드, 고다르와 같은 다양한 작가들의 작품을 참고했다. 그러나 레오네는 미국이 포드와 같은 아일랜드 이민자의 경우처럼 낙관적인 느낌이 깃든 '경건과 동지애의 혼합'이 특징인 가톨릭 유토피아의 땅이라는 생각을 거부한다. 따라서 레오네가 가장 좋아하는 포드의 영화가 〈리버티 발란스를 쏜 사나이〉라는 점은 의미가 있다. 노년기에 접어든 포드가 1972년에 만든 이 영화는 그의 환멸과 실존적 비관론을 보여주기 때문이다. 포드가 〈황야의 결투〉에서 묘사한 유명한 보안관 와이어트 어프는 실제로는 살인자이자 사기꾼이었다. 그리고 포카혼타스(Pocahontas) 이후, 위대한 미국주의는 미덕의 법칙이 아니라 가장 강한 생존 법칙에 의해 양육되었음을 보여준다.

　고상함과 저속함의 교차점은 모리코네가 작곡한 사운드 트랙에서도 찾아볼 수 있다. 오케스트라와 자연스러운 사운드의 대담한 혼성 덕분에 사운드 트랙은 오페라의 대중적 전통과 비스콘티와 베르톨루치의 호화로운 세련미를 한꺼번에 불러일으키는 효과를 낳았다.

민중과 혁명

건달 후안이 지식인 션에게 혁명이 무엇인지, 어떻게 진행되는지에 대해 말하는 다음 장면은 〈석양의 갱들〉에서 가장 빛나는 순간이다.

나는 혁명에 대해, 그것이 어떻게 시작되는지에 대해 모두 다 알고 있다. …책을 읽는 사람들은 책을 읽지 않는 사람들, 가난한 사람들에게 가서 말한다. "호호! 여기에 변화가 필요한 때가 되었다!"고. 그리고 가난한 사람들이 변화를 만든다. 책을 읽는 가장 똑똑한 사람들은 모두 테이블에 둘러앉아 말하고, 말하고 먹는다. 그들은 말하고 먹는다! 이제 가난한 사람들은 어떤가? 모두 죽는다. 이것이 당신의 혁명이다. 그러니 제발 혁명에 대해 말하지 마. 그 후에 무슨 일이 일어나는지 알아, 젠장? 아무것도. 모든 것은 원래대로 돌아가!

후안의 폭언을 들은 션은 아나키스트 전투에 대한 자신의 '성경'인 바쿠닌의 책을 진흙 속으로 던져버린

다. 이는 어려운 혁명 행동을 더 복잡하게 만드는 이론
에 대한 레오네 스타일의 완벽한 항의 표시다. 한편으
로는 감독 세대가 들어야만 했던 모든 불명확한 약속에
대한 상징적인 언급이기도 하다.

위에서 본 션의 웅변과 함께 〈석양의 갱들〉에서 빛
나는 장면은 후안이 메사 베르데 은행에 대한 폭발적인
공격에 열정적으로 참여하지만, 그가 탐내는 은이 그곳
에 없고 오히려 농민들과 정치인들을 위한 임시 교도소
라는 것을 알아내는 시퀀스다. 후안은 돈을 얻지 못했지
만, 석방된 수감자들의 찬사를 받으며 혁명의 영웅이 된
다. 이 장면은 채플린의 〈모던타임스〉에서 채플린이 연
기한 떠돌이가 트럭에서 떨어진 배너를 가져다가 집회
를 이끌고 있다는 사실을 경찰이 알게 되어 떠돌이를
정치 시위의 리더로 잘못 알게 되는 장면을 연상시킨다.

션과 후안은 레오네 영화에서 극과 극의 공존을 보
여주는 또 다른 사례다. 여기서 감독의 보수주의와 진
보주의는 또 한 번 대조를 이룬다. 한편으로 〈석양의 갱
들〉은 의심의 여지 없이 레오네의 영화 중에서 가장 자
기 표현적인 영화이자 그의 특별한 주제를 한데 모은 영
화이기도 하다. 20세기 이탈리아 역사의 특별한 문제들

이 레오네의 이전 영화에서도 이미 정치적 가치를 드러 냈지만, 이 영화에서는 그 모든 것이 하나의 작업으로 압축되어 더욱 명확하고 강력해졌다.

영화의 처음에 인용된 마오의 말, 즉 문학이나 그림이나 자수로 간주하기는커녕 오로지 폭력으로 점철되는 혁명을 표현한 이 영화에 묘사된 20세기 초 멕시코의 사건은 진정한 폭력 행위로 당시 이탈리아의 거리와 광장에서 진행된 것이기도 했다. 마찬가지로 레오네에게 특히 중요한 문제인 두 차례의 세계대전과 나치 파시즘에 대한 언급도 영화에 많이 나온다. 예를 들어, 돈 자이메 주지사의 탈출 에피소드는 1943년 9월 9일 새벽에 로마에서 비토리오 에마누엘레 3세 국왕과 피에트로 바돌리오 원수가 로마에서 도주한 것에 대한 노골적인 언급이다. 또한 이 영화에는 잔인한 귄터 레자 대령이 나치 전차 사령관으로 등장한다. 지역 혁명 단체가 언덕에서 게릴라식 전략을 세우는 장면은 당시 이탈리아의 레지스탕스를 연상시키고, 요새 뒤에서 독재자의 병사들이 가축을 운반하는 자동차에서 내린 죄수들을 살해하는 장면은 유대인을 강제 수용소로 데려가 학살한 사건을 떠오르게 한다. 사제 복장을 하고 도망치려다가

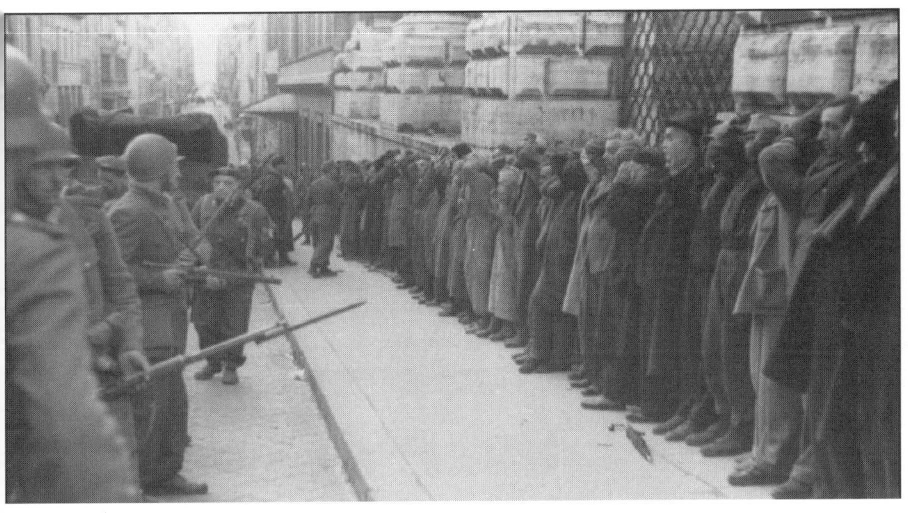

독일 나치는 2차 대전 시 로마에서 이탈리아 시민과 정치범을 비롯
335명을 학살했는데, 이를 '포세 아르디틴' 학살이라고 한다.

총에 맞아 죽은 인물로 캐스팅한 젊은 무솔리니의 명의
도용자는 더 말할 것도 없다.

산 이시드로(San Isidro) 동굴에서 후안이 정부군에
의해 학살된 가족들의 시신을 애도하는 방식은 특히 상
징적이다. 이것은 제2차 세계대전 중 게릴라의 공격에 대
해 나치가 로마에서 벌인 포세 아르디틴(Fosse Ardeatine)
학살이나 파시즘에 저항한 알리세 세르비(Alcide Cervi,
1875~1970)와 그의 일곱 자녀의 살해와 같은 저항에 대
한 명시적인 언급이다. 그 장면은 스페인 화가 프란시스

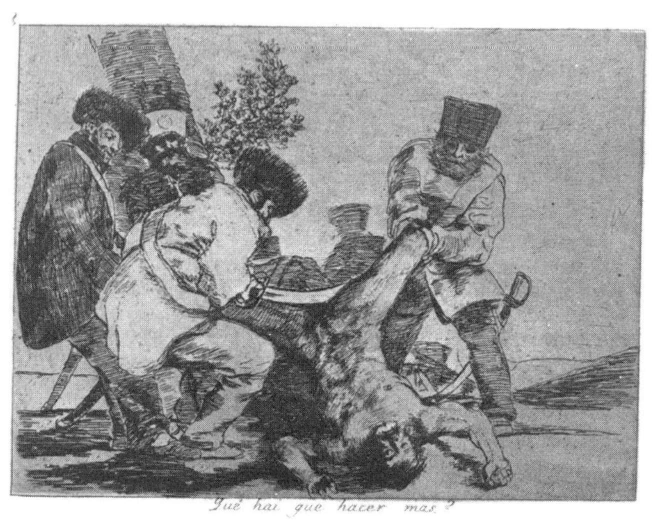

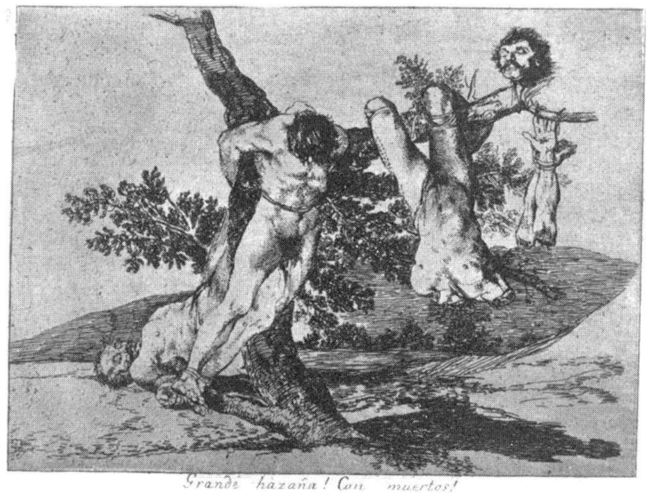

프란시스코 고야의 연작 판화집인 〈전쟁의 참상〉 중 33번과 39번.

코 고야(Francisco Goya, 1746~1828)가 나폴레옹 군대의 스페인 침공 후 목격한 잔인함과 폭력에 대한 생생한 묘사인 〈전쟁의 참상〉 시리즈를 연상하게 한다.

기관차

고야의 영향은 빌레가가 "의사가 고문을 당했다"라고 보고한 혁명가들의 처형과 같은 또 다른 장면에서도 발견된다. 구체적인 언급은 고야의 그림에 나오는 1808년 5월 3일에 대한 것이다. 고야는 종교적, 정치적 이상이 무너져 레오네가 실망한 것처럼 그림에서 백성의 순교를 그렸다. 논란의 여지가 있는 빌레가라는 인물은 반군 집단의 우두머리로 시작하여 반역자가 되지만, 다시 정치적 목적을 위해 순교자가 되는 고통스러운 경험을 한다. 그는 혁명적 투쟁으로 반역이라는 빚을 갚기 위해 강력한 두 번째 투쟁으로 정부 군대의 열차를 폭파하기 위해 홀로 기관차에 올라 그 둘을 충돌시키며 죽는다. 레오네의 주인공 중 이념적으로 가장 다재다능한 아나키스트인 그는 '철제 말'을 타고 목숨을 바치는 현대적 낭만주의 영웅이 된다.

이 장면은 이탈리아의 싱어송라이터 프란체스코 구찌니(Francesco Guccini, 1940~)가 자신의 노래 〈기관차〉(La locomotiva, 1972)에서 묘사한 내용을 연상하게 한다. 영화 개봉 1년 뒤에 나온 이 노래는 소위 '프롤레타리아의 찬송가'로 불리는데, 영화에서 벌어진 일과 매우 흡사했던 실제 사건에서 영감을 받아 만든 것이었다. 1893년 7월 20일, 아나키즘적 이상을 가진 이탈리아 국영 철도의 화부(火夫)인 피에트로 리고시(Pietro Rigosi, 1864~?)가 기관차를 장악한다. 그는 일하는 동안 매일같이 보았던 특급열차를 파괴할 작정으로 움직인다. 그러나 이를 눈치챈 철도 직원이 기관차의 경로를 우회하게 만드는 바람에 리고시는 볼로냐 역의 폐쇄된 선로에 있는 화물차 6대와 충돌하고 자신은 중상을 입는다. 노래 가사의 앞부분은 다음과 같다.

나는 그가 어떤 얼굴을 가졌는지,
그의 이름이 무엇인지도 모르고,
어떤 목소리로 어떤 목소리로 노래를 불렀는지,
그때 몇 살이었는지,

머리 색깔은 무엇인지도 모릅니다.

그러나 내 상상 속에는 그의 이미지가 있습니다.

영웅은 모두 젊고 아름답고,

영웅은 모두 젊고 아름답고,

영웅은 모두 젊고 아름답다…….

대신, 사건의 시간, 그의 직업이 무엇인지 알고 있습
니다.

세기의 초기, 기차 운전사, 철도 노동자,

거지의 성전이 시작된 시대

기차도 진보의 신화

대륙을 가로질러 발사되었습니다.

대륙에 출시, 대륙에 출시…….

그리고 기관차는

사람이 손으로 생각을 지배하는

이상한 괴물처럼 보였습니다.

포효하는 것은 끝이 없어

보이는 거리를 뒤로 물러나도록 했습니다.

마치 그 안에 엄청난 힘이 들어 있는 것처럼 보였습
니다.

같은 다이너마이트의 힘, 같은 다이너마이트의 힘,

같은 다이너마이트와 같은 강도.

그러나 또 다른 큰 세력이 날개를 펴고

"인간은 모두 평등하다"는 말과 왕과 폭군에 맞서

프롤레타리아트 폭탄이 거리에서 터져

공중에 불을 붙였습니다.

아나키의 횃불,

아나키의 횃불,

아나키의 횃불…….

매일 기차가 그의 역을 지나고,

호화로운 기차, 먼 목적지,

그는 존경받는 사람들을 보았고,

그는 금으로 만든 벨벳을 생각했고,

그는 주위에 있는 그의 사람들의 나약한 날을 생각
했고,

그는 신사들로 가득 찬 기차를 생각했고,

그는 신사들로 가득 찬 기차를 생각했고,

그는 신사들로 가득 찬 기차를 생각했습니다…….

무슨 일이 일어났는지 모르겠어요,

그가 결정을 내린 이유는 아마도 고대의 분노,

복수를 외치는 이름 없는 세대, 그의 마음을 눈멀

게 한 것

그는 연민을 잊었고 그의 선함을 잊었습니다.

그의 폭탄 증기 기관,

그의 폭탄 증기 엔진 증기,

폭탄은 증기 엔진······.

그리고 선로 위에는 기관차가 서 있었고,

맥동하는 기계는 살아 있는 것 같았습니다.

방금 브레이크를 푼 어린 망아지처럼 보였습니다.

강철 근육으로 레일을 물고,

번개의 맹목적인 힘으로,

맹인 번개의 힘으로,

맹인과 함께 번개의 힘······.

그리고 여느 때와 같았지만 몸에 더 많은 분노를 품
은 날

그는 자신이 잘못된 것을 바로잡을 방법이 있다고
생각했습니다.

그는 잠자는 괴물 위로 올라와 두려움을 물리치려
했습니다.

그리고 그가 무엇을 하고 있는지 생각하기도 전에
괴물은 평원을 삼켰고,

괴물은 평원을 삼켰고,
괴물은 평원을 삼켰다.

조지 쇼와 한국

〈석양의 갱들〉에 나오는 숀처럼 일제강점기 조선의 독립운동을 위해 헌신한 아일랜드 사람 조지 루이스 쇼(George Lewis Shaw, 1880~1943)에 대해 간단히 언급하기로 하자. 중국에서 태어난 그는 1900년부터 한국의 금광에서 회계로 근무했는데 채산성이 맞지 않자 1907년에 단둥[丹東]으로 옮겨 무역 회사 겸 선박업 회사인 이륭양행(怡隆洋行)을 세웠다. 1912년에 일본인 사이토 후미와 결혼하였다.

1919년, 아일랜드에서 독립전쟁(Irish War of Independence)이 발발하고 한국에서는 3·1운동이 일어나자 조지 쇼는 이륭양행에 대한민국임시정부의 안동교통사무국을 설치하고 독립운동을 적극적으로 지원했다. "전락한 나라의 국민들과 공감하는 것은 인간의 본성이며, 작은 나라들의 독립이 세계적 추세라는 점에서 한국 친구들에게 자국의 독립운동에 대해 조언하는 것은 당연한 일이었다"라고 말한 쇼는 이후 상해임시정부와 국내 사이의 연락을 담당했고, 1919년 김가진의 임정 망명을 돕고 같은 해 11월 의친왕 추가 망명 계획에도 동참했지만, 후자는 미수에 그쳤다. 1920년 7월 일본 정부는 그를 내란죄의 명목으로 체포하여 서대문교도소에 구금하였으나 영국 정부의 강력한 요구로 4개월 만인 1920년 11월 19일에 보석으로 석방된다. 이후 단둥으로 돌아와 주민들의 열렬한 환영을 받은 그는 앞으로도 정의를 위해 한국인의 독립운동을 적극 원조하겠다는 의지를 밝혔다. 그해 말 쇼는 일본 요코하마와 도쿄를 거쳐 1921년 1월 상해로 가서 임시정부 요인들이 마련한 환영연에 참석해 금색공로장을 받았으며, 단둥교통사무국의 재흥 등 장래 독립운동에 관해 논의하였다. 또한 자신을 비방했던 상해 〈遠東時報〉(Far Eastern Review)의 발행자와 기자를 상대로 명예훼손 손해배상을 미국 영사관 법정에 청구하였다.

1921년 5월 중순경 단둥으로 돌아온 쇼는 김문규를 이륭양행 직원으로 채용해 단둥교통사무국의 기능을 회복시키고, 아울러 압록강 입구 대동구 부근 토지

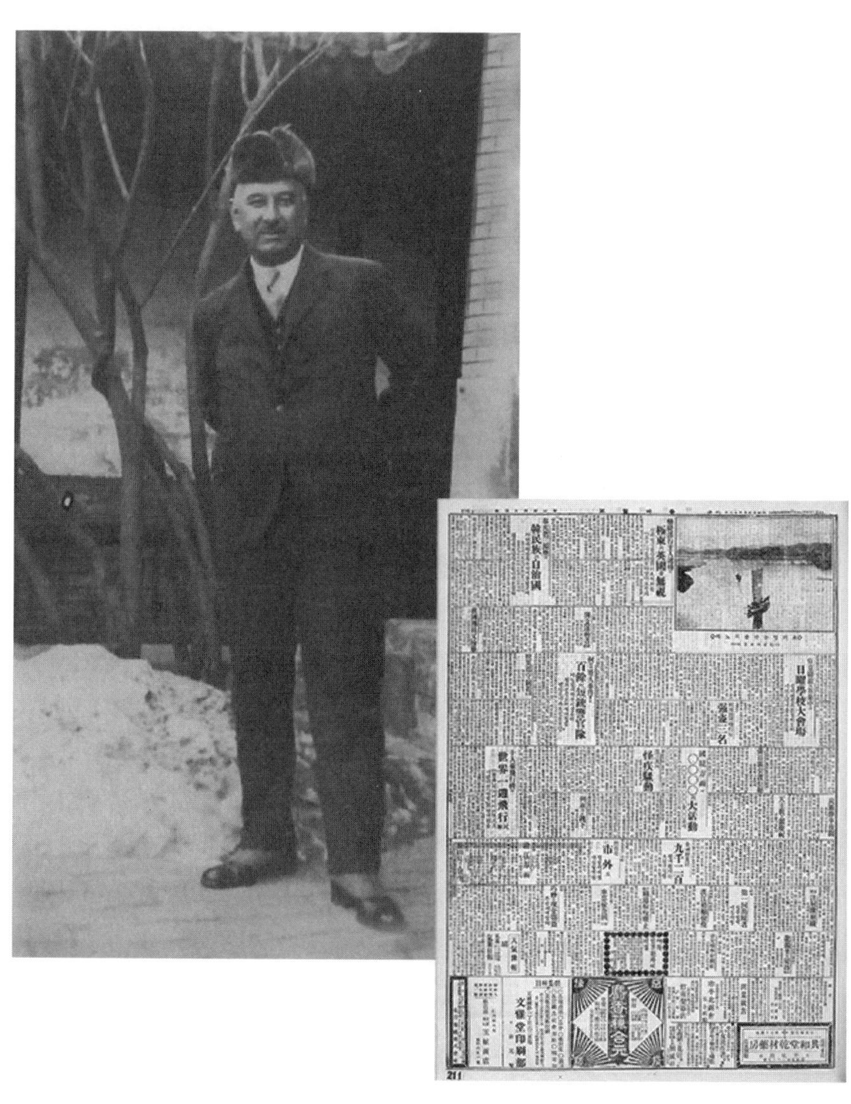

일본 거주 시의 조지 루이스 쇼(왼쪽).
이륭양행 주인이 체포되었다는 신문기사(오른쪽).

를 장기 임대하는 등 사업을 확장하면서 일본인과 경쟁하였다. 쇼는 김문규에게 "지금 세계의 대세를 보라. 아일랜드는 영국으로부터 독립하고 인도의 독립 역시 가까이에 존재한다. 다음에 한국이 일본으로부터 독립함은 의심의 여지가 없다. 그대들이 만족할 만한 일은 멀지 않았다"라고 단언했다. 1922년 8월 일제의 김문규 체포로 단둥교통사무국이 크게 위축되었음에도 1923년 2월 중순 쇼는 상해로 건너가 임시정부의 요인에게 독립운동을 촉구하고 러시아와의 관계를 도모하자고 주장하는 한편 만주지역 독립운동가들을 비호하고 교섭할 계획도 세웠다.

1923년 초 조선총독부의 사주를 받은 일본인이 이륭양행을 매수하려고 했으나 쇼의 강력한 거부로 실패하였다. 1925년에 쇼 소유의 배와 일본 회사의 배가 충돌하자 쇼는 손해보상 소송을 제기했지만, 일제는 오히려 쇼 배의 선원 중 중국인 무자격자가 있는 약점을 꼬투리 잡아 사건을 무마하려 하였다. 그리고 1922년 8월 일제가 김문규를 체포했기 때문에, 이륭양행을 거점으로 삼은 단둥교통사무국은 사실상 해체되고 말았다.

그럼에도 쇼는 이륭양행에 독립운동가들을 은닉

해주는 등 한국의 독립운동을 지속적으로 도와주었다. 또 1923년 의열단은 국내 거사계획을 추진하면서 이륭양행을 이용했고, 임시정부 요원들도 이륭양행의 선박으로 폭탄 등의 무기를 운반한 뒤 이륭양행을 통해 통의부·정의부 등 독립운동 단체들에게 운송하였다. 1924년 초에도 쇼는 통의부에서 요구한 국내 진입용 모젤권총을 구입해주었다. 1924년 4월 만기 출옥한 김문규를 다시 이륭양행의 직원으로 고용하고, 1925년 5월경 임시정부의 요원으로 이륭양행에 근무했던 김승빈을 모종의 사명으로 서울로 보냈다.

1931년 만주 침략을 계기로 일제는 이륭양행의 기선 등을 불법으로 임검하고, 쇼와 그의 부인에게도 체포하겠다고 위협하면서 이륭양행이 대대적으로 밀수에 종사하고 있다는 등 중상도 서슴지 않았다. 이에 쇼는 직접 혹은 영국 총영사·주일 영국대사관 등을 통해 일제 측에 강력하게 항의하였다. 일본 외무성은 영국과의 마찰을 우려해서 단속을 자제해달라고 조선총독부에 요구했지만, 임검 자체를 반대하지 않았다. 조선총독부는 치안 유지를 이유로 만주 측 관헌을 앞세워 공동 임검하는 편법으로 비난을 모면하고자 하였다. 1935년

2월 쇼는 선박과 압록강 항로권 등을 일본 측 회사에 매도하고 단둥과 상하이 간의 운송업에 주력하면서 압록강의 화물운송업에도 새로 진출하였다. 그러나 일제는 쇼의 선박을 억류하는 등 그를 단둥에서 완전히 축출하기 위한 공작을 펼쳤다. 이로 말미암아 쇼는 막대한 타격을 입고 경영난에 봉착하였고, 결국 1938년 4월 단둥을 떠나 푸저우에 이륭양행의 본점을 설치하기로 결정함으로써 20여 년간에 걸친 쇼의 독립운동 지원과 반일 활동도 중단되었다.

<미스터 노바디>

1971년 〈석양의 갱들〉 이후 1984년의 〈옛날 옛적 미국〉을 감독하기까지 10여 년 동안 레오네는 영화를 감독하지 않았지만 몇 편의 서부극을 제작했다. 〈미스터 노바디〉(1973), 〈천재, 두 사람의 친구, 그리고 바보〉(1975), 〈고양이〉(1977), 〈장난감〉(1978), 〈백, 적, 베르도네〉(1981) 등이다. 그중 우리나라에서 개봉된 것은 〈미스터 노바디〉 뿐이다.

1973년 세르조 레오네 제작, 토니노 발레리 감독, 헨리 폰다, 테렌스 힐 주연의 〈미스터 노바디〉(Il mio nome è Nessuno, 영어는 My Name Is Nobody)가 나왔다. 1976년 한국 개봉 시의 제목은 일본판 제목인 〈무숙자〉였다. 재개봉 시에는 〈미스터 노바디〉로 고쳤지만, 역시 일본판에 따른 것이다.

〈미스터 노바디〉의 오프닝이나 엔딩 장면은 〈옛날 옛적 서부〉의 재현이지만 이 영화를 레오네의 영화라고는 할 수 없다. 부분적으로 그의 아이디어에 근거하긴 했어도 감독은 그의 서부극 3부작으로 레오네를 도운 동료이자 몇 편의 서부극을 감독한 토니노 발레리(Tonino Valerii, 1934~2016)였기 때문이다. 그가 감독한 〈황야의 분노〉(1967)나 〈현상금 사냥꾼〉(1966) 등은 우리나라 채널 텔레비전에서도 상영된 바 있지만 가장 유명한 작품은 〈미스터 노바디〉다.

1899년, 전설의 총잡이 잭 보러가드(헨리 폰다 분. 이 영화를 찍을 무렵 폰다는 거의 70세였고, 이 영화가 마지막 서부극이었다)는 총잡이를 그만두고 유럽으로 떠나고자 한다. 젊은 총잡이 노바디(테렌스 힐 분)는 어릴 적부터 잭을 우상으로 여겨왔다. 잭과 마주친 노바디는 무법자들을 버거워

하는 잭을 보면서 잭이 마지막으로 영웅다운 업적을 이루기를 꿈꾸며 여러 가지 일로 서로 관련된다.

잭은 마지막으로 금광 살인사건에 개입하여 동생 살해를 사주한 동시에 자신까지 죽이려고 한 금광 주인 설리번에게 돈과 금을 갈취하여 유럽으로 도망가려고 한다. 잭은 금광의 이득권을 걸고 설리번과 대립하던 와일드 번치 150명의 심기를 건드려 그들에게 쫓기는 신세가 된다.

노바디가 지켜보는 가운데 150명과의 대결에서 잭이 이기지만 노바디는 그에게 죽지 않고서는 서부를 떠날 수 없다고 충고하면서 거짓 결투를 벌인다. 그 결과 죽은 사람이 된 잭은 유럽으로 떠났고, 노바디는 잭 대신 자신을 노리고 덤비는 무법자들과 맞서 싸우며 새로운 전설을 써나간다.

1970년대의 10년은 레오네에게 불모의 10년이라는 평가도 있지만 16편의 영화를 제작했고, 10편의 텔레비전 광고를 찍었고, 경제적으로도 성공을 거뒀다. 그러나 대부분은 이탈리아에서만 소비되었고 영어권으로는 수출되지 않아 영어권 사람들에게 그는 머지 않아 잊힌 존재가 된다.

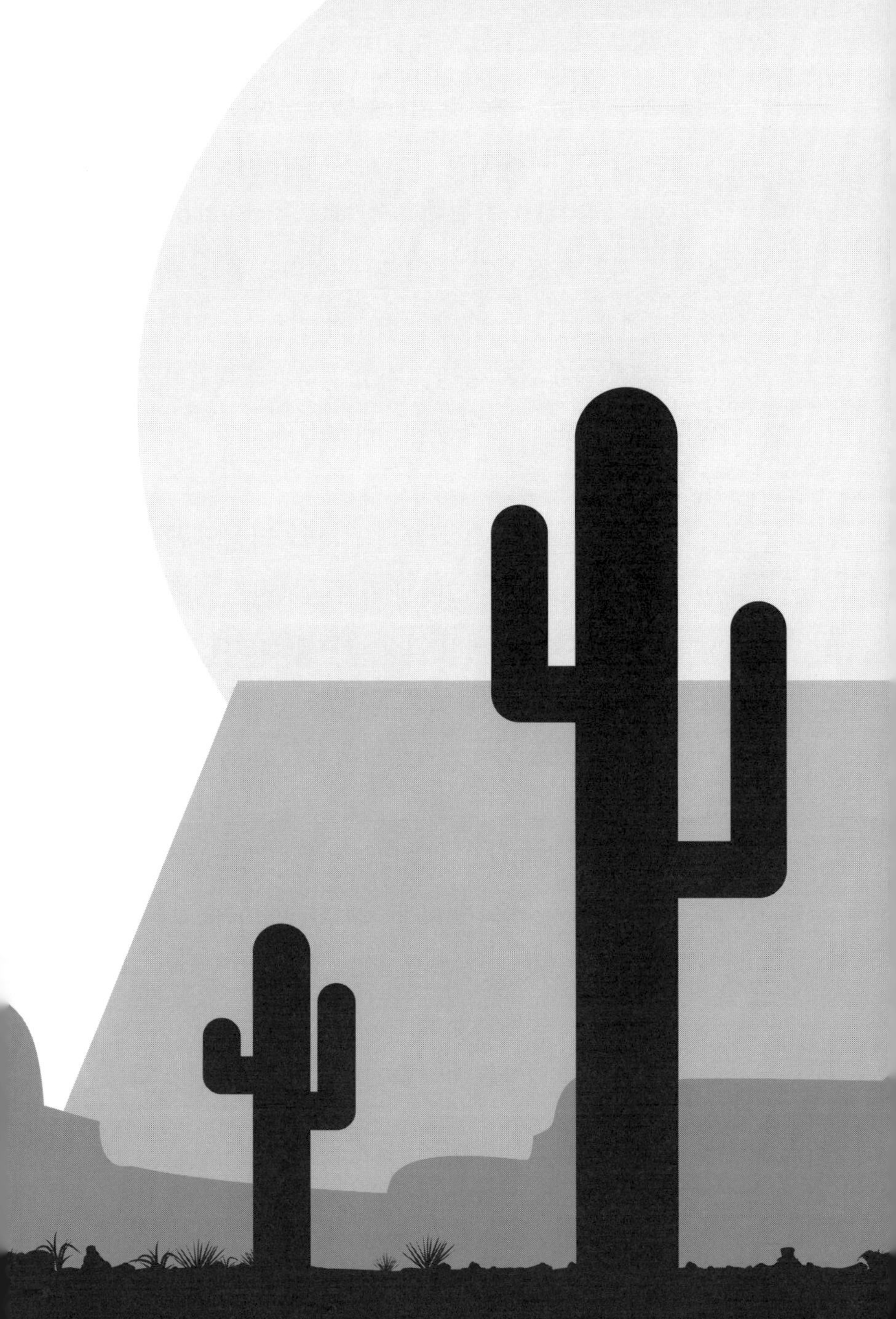

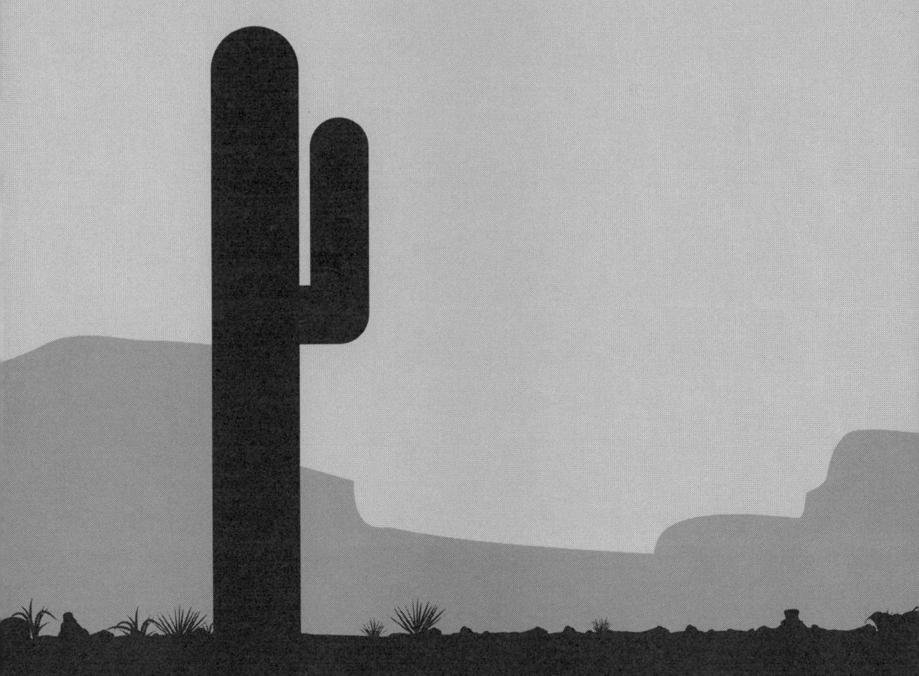

8장 옛날 옛적 미국

<옛날 옛적 미국>의 <갱들>

레오네의 마지막 영화인 〈옛날 옛적 미국〉(1984)은 해리 그레이(Harry Grey, 가명은 David 'Noodles' Aaronson, 본명은 Herschel Goldberg, 1901~1980)가 1920년대와 1930년대에 실제로 조직폭력범으로 살았던 경험을 쓴 자전적 소설인 『갱들』(The Hoods, 1952)에 근거한다. 그가 뉴욕주에 있는 싱싱 교도소에 수감되었을 때 쓴 그 책은 1952년 미국에서 출판되었다. 문학적으로 가치가 없는 소설임에도 불구하고 늙은 갱이 젊은 시절을 회상하여 쓴 그 책은 레오네의 관심을 끌었다.

갱 영화에서 유대계 갱스터는 자주 다루어지지 않는데 주인공으로 나오는 누들스를 비롯하여 그의 친구들은 대부분 유대인이다. 단 누들스의 친구 맥스는 유대인이 아니다. 극 중 악역으로 나왔다가 누들스에게 칼에 맞아 죽는 유대인 벅시는 실존했던 유대인 갱단 보스 벤자민 시걸(Bugsy Siegel, 1906~1947)로 통칭 '벅시'에서 따온 듯하다. 벅시는 실제로 〈옛날 옛적 미국〉의 배경인 이스트사이드 출신이었다. 1991년에 만들어진 영화 〈벅시〉(Bugsy)는 그를 소재로 한 것으로 〈레인맨〉이나 〈굿모닝 베트남〉으로 유명한 배리 레빈슨(Barry Levinson, 1942~)이 감독하고 워렌 비티(Henry Warren Beatty, 1937~)가 벅시를 연기했다. 〈벅시〉의 음악은 엔니오 모리코네가 맡았으나 흥행이나 평은 그다지 좋지 못했다.

그 밖에 유명한 유대인 갱으로는 이스트사이드 출신으로 〈갱들〉에도 나오는 몽크 이스트만(Edward "Monk" Eastman, 1875~1920), '마피아의 회계사'로 알려진 도박 전문 갱으로 영화 〈대부2〉의 주인공 모델이 되기도 한 마이어 랜스키(Meyer Lansky, 1902~1983)가 있다. 1920년대 미시간주 디트로이트를 거점으로 밀주와 납치를 일삼다가 그 도시의 최대 범죄집단이 된 퍼플 갱(The Purple Gang), 다른 말로는 슈거 하우스 갱(Sugar House Gang) 등이 있었다. 그는 제임스 캐그니가 주연한 영화 〈공공의 적〉(The Public Enemy, 1931)에서 다루어졌다.

〈옛날 옛적 미국〉은 1920년대부터 40여 년, 뉴욕의

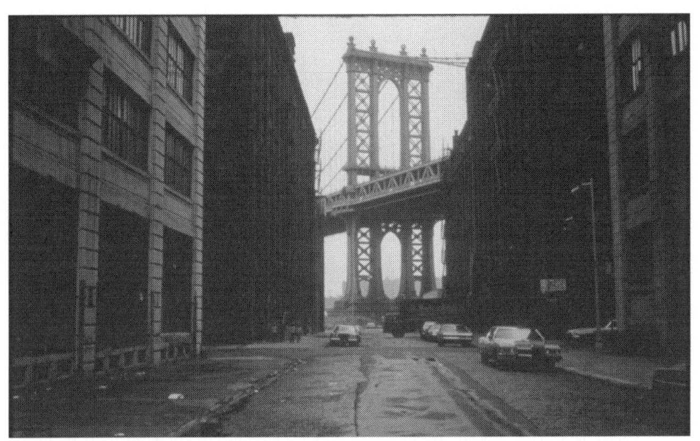

〈옛날 옛적 미국〉의 배경인 뉴욕에 위치한 브루클린 다리.

로어 이스트 사이드(Lower East Side)를 배경으로 한다. 그곳은 음울한 분위기의 뒷골목과 다세대형 빈민주택이 고급 아파트나 세련된 부티크와 섞여 있는 지역으로 레오네 영화의 이중성을 잘 보여준다. 그러나 그곳은 전통적으로 이민자와 노동계급의 동네였다. 특히 19세기 말과 20세기 초 동유럽에서 유입된 이민 물결 이후 로어 이스트 사이드는 소위 아시케나지 유대인 이민자 문화의 중심지가 되었다. 그곳에는 또한 영화에 나오는 차이나타운의 일부도 있다.

위에서 말한 마이어 랜스키는 〈옛날 옛적 미국〉에 나오는 맥스의 모델이기도 했다. 맥스를 연기한 제임스 우즈는 도널드 트럼프 전 대통령의 열렬한 지지자이고, 누들스를 연기한 로버트 드 니로는 공식석상에서 자주 트럼프를 향해 욕을 날린다.

〈옛날 옛적 미국〉은 개봉 당시엔 주인공의 회상 장면을 대폭 삭제하고 내용도 시간순으로 편집하여 상영 시간이 90분이나 단축되어 140분가량으로 상영되었는데 이 때문에 영화의 몰입감이 떨어졌고 결국 흥행에서 참패한다. 그 뒤 229분의 원본이 출시되어 재조명되었다.

<옛날 옛적 미국>의 줄거리

1918년, 뉴욕 빈민가에서 좀도둑질을 일삼던 어린 누들스는 맥스를 비롯한 친구들과 함께 밀수품 운반 일을 한다. 누들스 무리에 위협을 느낀 벅시는 누들스의 친구를 죽이고, 이에 누들스가 벅시를 살해하고 그 결과 감옥에 들어가게 된다. 12년 뒤인 1930년에 출소한 누들스는 밀주 사업으로 크게 성공한 맥스를 다시 만나 금주법하의 주류 밀매를 통해 크게 번창한다. 어린 시절 첫사랑 데보라와도 다시 만나 사랑을 고백하지만, 할리우드에서 성공하려는 그녀에게 거절당하고 큰 상처를 입게 된다. 이어 1933년에 금주법이 철폐되어 밀주 사업이 위기를 맞자 맥스는 누들스에게 연방준비은행을 털 것을 제안하지만 누들스는 거절한다. 애인인 캐롤에게 설득당한 누들스는 친구를 살리기 위해 경찰에 신고하지만 결국 친구들의 비참한 죽음을 목격하고 버팔로로 도피한다.

다시 35년이 지난 1968년, 베일리 재단 파티에 초대받은 누들스는 재단 창립 기념사진 속에서 데보라를 발견하고 그녀를 찾아가 자신을 초대한 베일리 장관에 대해 캐묻지만 데보라는 그를 찾지 말라고 경고한다. 그녀

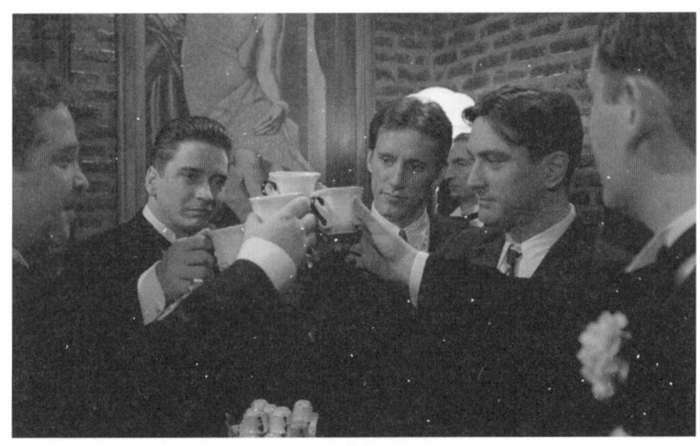

베일리 재단 파티에 참석한 누들스(로버트 드 니로).

의 만류에도 누들스는 마침내 의문의 베일리 장관과 마주하게 되는데 그는 밀고 당해 죽은 줄 알았던 맥스였다. 사실 모든 것은 누들스의 밀고가 아니라 맥스의 계획으로 벌어진 일이었다. 동료를 배신한 것도 맥스였으며 경찰인 줄 알았던 사람들은 죄다 맥스의 조직원들이었다. 맥스는 누들스에게 자신을 죽여 달라고 말하지만, 누들스는 이를 거절하고 파티장을 떠나 저택 뒷문으로 나가다가 맥스가 분쇄 압축기가 달린 쓰레기차에 뛰어들어 자살하는 광경을 목격한다.

누들스와 맥스

〈옛날 옛적 미국〉의 주인공은 누들스와 맥스이다. 누들스는 미국 사회의 불가항력 속에서 살아가는 피폐한 소시민으로 태생적으로 타락한 미국 사회로 상징되는 맥스와 대조적이다. 두 사람은 어릴 적부터 우정을 나누고 자신들의 아메리칸 드림을 성취하기 위해 치열하게 살아가지만, 누들스는 맥스처럼 배신과 협잡 같은 시류(아메리칸 스탠다드)에는 야합하지 않는다. 결국 누들스는 맥스에게 배신당하고 나락으로 떨어지는데, 이는 부조리와 패악으로 가득한 미국 사회에서 최소한의 상식과 양심으로 버티다가는 아메리칸 드림은커녕 삶이 파탄 날 수도 있다는 사실을 보여준다. 물론 미국의 병폐만은 아니지만 정직하고 성실하게 살수록 사회에서 도태되는 소외계층의 암울한 일면을 느낄 수 있다.

맥스는 아메리칸 드림의 허상과 미국의 포악함을 단적으로 상징하는 캐릭터로서 겉으론 멋진 쿨가이 같지만 실제로는 심각한 정신질환 유전자를 물려받은 탓에 어떤 흉악하고 야비한 짓을 해도 전혀 죄의식을 느끼지 않는 선천적 사이코패스다. 맥스는 미국이란 나라의 본질과도 상통한다. 즉 겉보기에는 자유롭고 풍요로우며 모든 민주적 가치를 이룬 것 같지만 미국 역사의 태생은 학살과 강탈, 폭압을 비롯한 야만으로 점철되었다. 그리고 이런 악랄한 만행의 유전자가 시대와 세대가 흘러도 없어지지 않고 범죄와 부패로 대물림되고 있다는 점을 맥스라는 인물로 드러내는 것이다. 따라서 이 영화는 맥스를 통해 돈과 명예를 위해선 우정, 의리, 신뢰와 같은 숭고한 가치를 배신해야만 아메리칸 드림을 이룰 수 있고, 성공 이후에도 여전히 추악한 인생을 살아야만 성공을 유지할 수 있다는 아메리칸 드림의 본질을 극명하게 보여준다.

맥스는 베일리 장관이 되어 저지른 온갖 비리로 인해 파멸하기 직전 인생에 회의를 느끼고 소중한 추억이자 신뢰 같은 이상적 가치로 대변되는 친구 누들스를 초대해 복수를 부탁하지만 누들스는 거절하고 돌아선다. 아예 누들스는 베일리가 친구인 맥스라는 사실을 알고 있음에도 겉으로는 끝까지 베일리를 맥스로 인정하지 않는다. 베일리를 소중했던 친구 맥스로 받아들이기 싫은 누들스의 심정이기도 하지만 한편으론 패악에 찌든 미국을 우애나 의리 신뢰 같은 고결한 이상으로 정화할 수 없고 그럴 가치도 없다는 것을 표현한 것이기도 하다. 맥스는 결국 쓰레기 분쇄 차량에 들어가 참혹하게 자살하는데, 이것은 아메리칸 드림이 무언가로 대체될 수 없는 끔찍한 쓰레기에 불과하며 미국도 자멸할 수밖에 없다는 감독의 의중으로 보인다.

<옛날 옛적 미국>의 정치학

서부의 폭력과 뉴욕 갱스터의 폭력 사이에는 정확한 역사적 연속성이 있다. 폭력을 통해 태어난 국가는 같은 길을 따라갈 수밖에 없다. 〈옛날 옛적 서부〉와는 달리 〈옛날 옛적 미국〉은 진보에 대한 희망이나 기대를 전혀 보여주지 않는다. 〈옛날 옛적 서부〉에서는 질이 플래그스톤 역에 도착했을 때 화면이 위로 올라가면서 말 그대로 시선이 생각할 수 있는 가장 먼 지평선을 드러낸다. 반대로 〈옛날 옛적 미국〉에서는 화면이 아래로 이동하여 비가 쏟아지는 가운데 거리에 늘어선 친구의 시체와 누들스의 마지막 환상인 공중전화에서 귀환을 알리는 그를 보여주는 긴 장면으로 시작한다.

영화의 내러티브는 20세기의 심장부에서 40년에 걸쳐 펼쳐진다. 금주 시대의 한가운데 젊은 누들이 친구들과 함께 동네 범죄자로 첫발을 내딛는 1920년대에서 영화는 시작한다. 그 결말은 1968년이라는 해, 즉 상징적으로 누들스가 꿈을 꿀 수 있는 마지막 해에 자신의 과거를 꿈과 같은 비전으로 되살리면서 시작한다. 이것이 감독이 자신의 성장소설을 배치하는 맥락이다. 트라스테베레에서 자란 레오네의 어린 시절은 1920년대 뉴욕의 더러운 영혼을 가진 천사로 변형된다. 물론 미국의 젊은이들은 〈석양의 갱들〉에 나오는 후안의 아이들과 동일한 사회계층에 속한다.

〈옛날 옛적 미국〉에 나오는 인물들은 일반적으로 이탈리아계 미국인, 아일랜드계 미국인 또는 라틴계 사람들이 나오는 갱스터 영화 장르에서 전례 없는 특정 민족 및 종교적 배경을 공유한다. 레오네에게 유대인 갱스터의 이야기를 선택하는 것은 〈대부〉(1972, 1974)를 복제하는 위험을 피하는 방법일 뿐만 아니라 '말할 수 없는 것과 접촉하는 것처럼' 보이는 세상으로 깊이 빠져드는 방법이기도 했다.

〈옛날 옛적 미국〉은 문화 및 종교적 근거에서 해방하려는 시도를 묘사하기 때문에 유대인 자체에 대한 비판적인 독서를 제공한다. 누들스의 인생에서 가장 중요한 두 사람인 데보라와 맥스는 이 중요한 작전의 주역이다. 데보라는 자신의 유대인성으로 복잡하고 고통스러운 변증법을 경험하는 반면 맥스는 자신의 민족성과 사회적 기원에서 벗어나려고 시도하고 심지어 베일리 상원의원이 되어 그것들을 버리는 것으로 끝난다.

우정과 배신이라는 주제는 앞 영화 〈석양의 갱들〉에서 이미 다루어졌는데, 이는 여성이 연루된 경우 더욱 강해졌다. 〈석양의 갱들〉에서는 마지막 회상에 나오는 주인공과 그의 친구가 키스한 젊은 여성이고, 〈옛날 옛적 미국〉에서는 누들스의 첫사랑이자 맥스의 성인 연인인 데보라다. 남성 캐릭터가 약하고 유치하며 자기 파괴적인 캐릭터라면 여성은 실제로 활동적인 주체로 나온다. 데보라 외에 개성이 없는 색광증 환자로 처음 소개되는 맥스의 여자 친구 캐롤은 결국 친구 그룹의 운명을 결정하게 된다. 맥스가 연방 은행을 강탈하는, 일면 자살과 다름없는 임무를 수행하는 것을 막기 위해 그녀는 누들스에게 갱단원을 신고하고 마지막 위스키를 운반하는 동안 체포하도록 조언한다. 누들스로 하여금 맥스가 총격 중에 죽었다고 믿게 할 기회를 만들기 위해서다.

이런 관점에서 보면 데보라를 성적으로 학대하는 누들스는 비극적이고 절망적인 행동으로 점점 더 무력해지는 불균형한 삶을 보상받으려 하는 남성을 대변한다고 할 수 있다. 〈옛날 옛적 서부〉에서 사회 주변부와 관련되어 중심부로 접근해오던 여성은 〈옛날 옛적 미국〉에서 드디어 역사의 진정한 주인공이 된다. 그리고 추방자처럼 느껴지는 남성들은 이 불가피한 과정을 어떻게든 늦추려고 노력한다. 여성성에 대한 태도는 의심할 여지 없이 이탈리아와 같은 가톨릭, 남성 중심 사회에서 전형적으로 나타나는 '마리아 또는 이브' 이분법에 의한 것이다. 비평가의 주장에서 〈옛날 옛적 미국〉의 많은 여성이 불길하게 이브라는 이름 아래 오염되는 이유다. 단, 앞 영화의 질처럼 순수한 여성의 상징인 데보라는 예외다.

레오네 영화의 궁극적인 '패배자'인 누들스는 '아나키즘적' 방식으로 갱스터리즘을 경험하는 '작은 캐릭터'다. 즉 그는 체제 순응주의자인 맥스와 달리 비순응적인 개인주의자이자 우울한 유대인이다. 누들스는 자신과 현실을 떠나는 말 그대로 '엑스터시'의 유일한 기회인 상상력에 접한 기억 속에서 피난처를 찾는 것 외에는 아무것도 할 수 없는 사람이다. 결국 레오네가 영화의 상징적인 두 번째 장면에서 암시하는 것처럼 현재는 점점 해독할 수 없게 된다. 포스트모던한 환상과 공포의 융합 속에서 누들스 (그리고 시청자)는 맥스가 쓰레기 트럭에서 사라진다고 생각한다. 이는 1975년에 불가사의하게 사라진 마피아 쪽 노조 지도자 지미 호파(Jimmy

Hoffa, 1913~1982(공식적인 사망일))의 사건에서 영감을 받은 에피소드로 보인다. 금주령의 끝을 축하하는 1930년대, 그리고 빈티지 자동차를 탄 사람들로 붐비는 광장. 이처럼 서로 다른 역사적 시기가 공존하는 장면은 어린 시절의 꿈과 성인 세계 사이, 할리우드의 미국과 실제 미국 사이의 '불가능한 화해'를 표현하는 동시에 영화의 주제를 이해하게 해주는 열쇠다.

<옛날 옛적 미국>의 평가

솔직히 말해 나는 〈옛날 옛적 미국〉보다 〈석양의 갱들〉을 더 좋아한다. 미국에 대한 비판은 레오네의 다른 영화에서도 이미 제기되었고, 〈옛날 옛적 미국〉에서 특별히 다른 점이 나타나지도 않았다.

그럼에도 드가(Degas), 호퍼(Hopper), 클림트(Klimt) 등의 그림을 참조하면서 미국의 여성 사진작가인 베레니스 애보트(Berenice Abbott, 1898~1991)의 뉴욕 사진들, 그리고 1920~30년대 범죄 뉴스의 사진과 함께 현실과 상상력을 혼합한 〈옛날 옛적 미국〉은 레오네의 가장 신

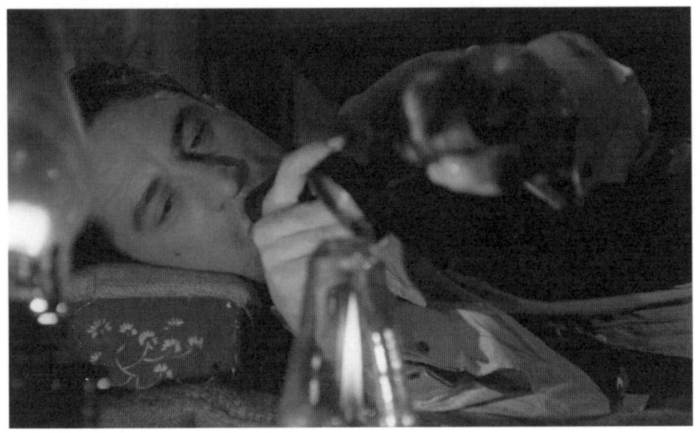

누들스는 그의 〈잃어버린 시간을 찾아서〉 아편 연기 속으로 사라졌다.

화적이고 우화적인 작품으로 간주할 수 있다. 실제로 시청자는 영화 전체의 내러티브가 혹시 도입부에 나오듯이 아편에 절은 누들스의 환상은 아닌지 궁금해할 수도 있을 것이다. 그 환상에는 그가 인정하기를 거부하는 친구 맥스의 새로운 정체성인 베일리 상원의원의 삶도 포함된다.

맥스의 갱과 손을 더럽히는 순간부터 경력을 벗어난 반자본주의자, 부패하지 않은 노조 대표 지미 오도널과 함께 누들스의 동생 같은 친구는 레오네의 정치에 대한 부정적인 생각을 구체화하는 역할을 도맡는다. 즉 1980년대 초 레오네의 급진적 환멸을 확인시켜주는

데, 이것이 바로 감독이 현실에 적응하려는 맥스의 노력보다 자유를 유지하려는 누들스의 열망을 더 응원하는 이유다.

누들처럼 그가 참여하고 싶지 않은 세상에 대한 레오네의 비판은 특히 금주 시대와 정치화된 1960년대를 재창조하는 섹션에서 억압적인 밀실 공포증으로 이어진다. 이것은 1920년대 뉴욕의 어린 시절이 보여주는 이상화되고 우화적인 시퀀스와 달리 '억압적이고 어두운 느낌을 전달하는, 음울하고 담배연기 자욱한, 때로는 바로크적인 인테리어가 지배적인' 장면으로 묘사된다.

이는 세상과의 긴 작별 인사가 비롯되는 곳이다. 변화된 현실에서 피난처를 찾아 어린 시절의 마지막에 저항하는 남자아이, 새로운 세상에서 자신의 자리를 찾을 수 없는 노인, 그의 〈잃어버린 시간을 찾아서〉의 시간 여행을 보여준다. 그래서 1933년의 아편굴로 탈출하는 마지막 장면에서 몽환적이고 교활한 미소가 얼어붙는다.

앞 영화처럼 이 영화는 '시간을 여행하는' 캐릭터의 수수께끼 같은 미소로 끝난다. 1971년 영화의 달콤한 아일랜드 추억의 시간과 1984년의 복잡한 나선형 플래시백. 두 캐릭터는 마치 프루스트의 마들렌 쿠키를 먹는 것처럼 연기로 인한 여행(첫 번째 경우 시가 연기, 두 번째 경우 아편 연기)을 시작하여 꿈과 영화 이미지의 비물질적 품질을 강화한다. 누들스가 자신을 잃어버린 것처럼 보이는 그림자 인형극에 의해 아편굴 장면에서 확인하는 것은 누들스 자신이 인형과 다르지 않다는 점이다. 보드리야르(Jean Baudrillard, 1929~2007)의 용어로 말하면, 그는 '그늘' '시뮬라크룸*' '유령'이 된다.

---

* 시뮬라크르(simulacre)와 같은 말. 가상, 거짓 그림 등의 뜻을 가진 라틴어 시뮬라크룸에서 유래한 것으로 시늉, 흉내, 모의 등의 뜻을 지닌다. 이 라틴어 단어는 영어 안에도 그대로 흡수되어서 모조품, 가짜 물건을 가리키는 말로 쓰인다.

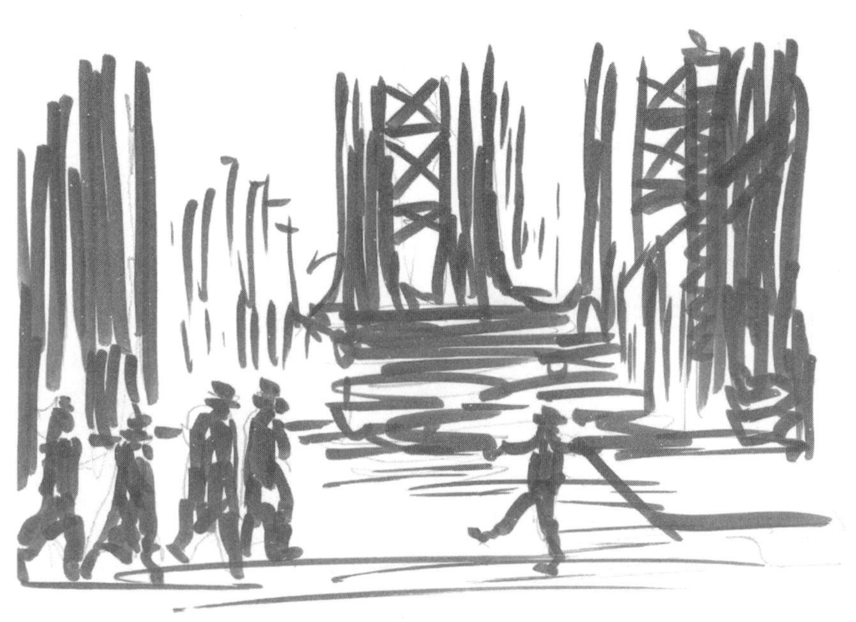

Once upon a time
in America

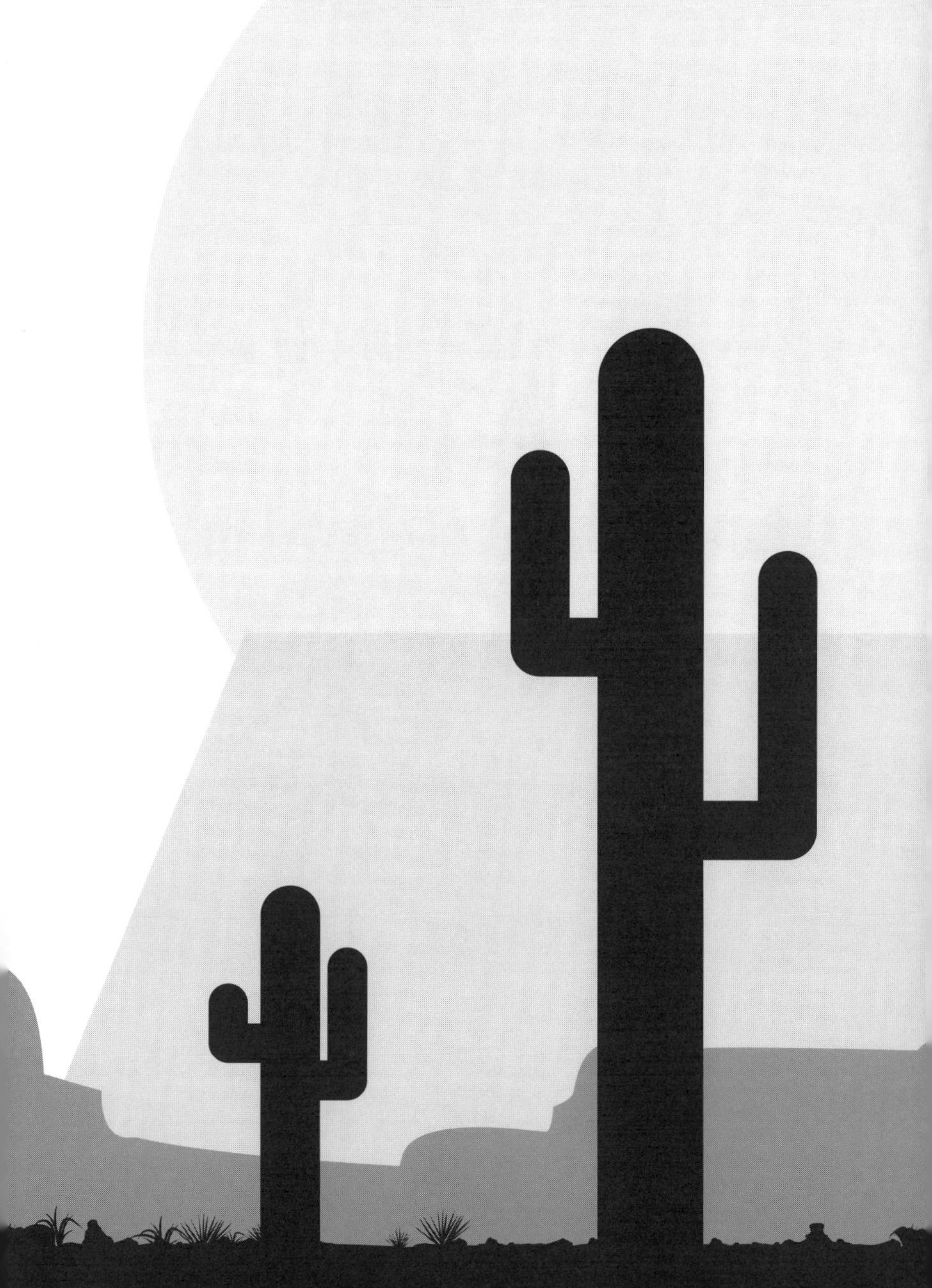

9장 <레닌그라드>

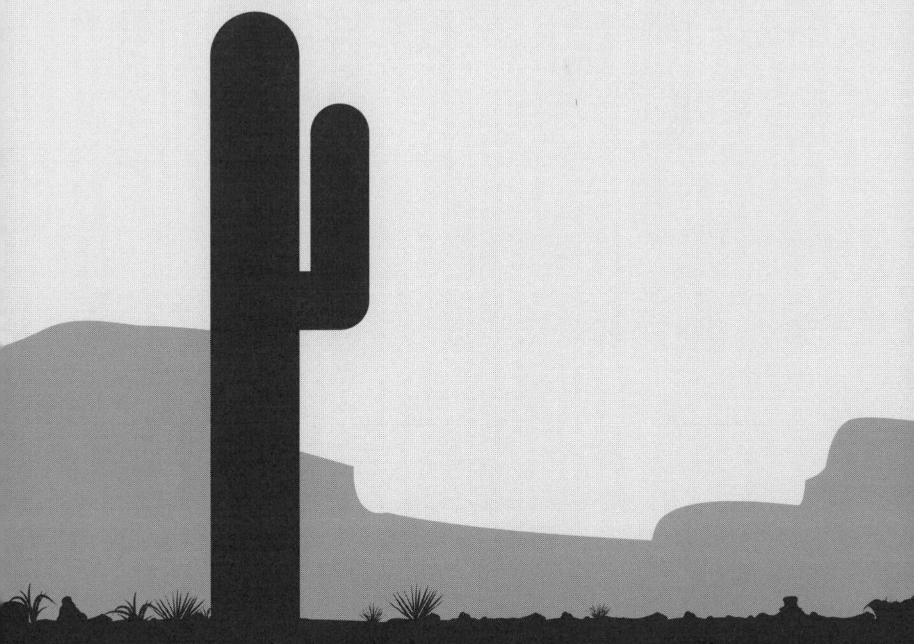

쇼스타코비치

현대 소련의 작곡가 쇼스타코비치(Dmitri Shosta-
kovich, 1906~1975)의 어둡고 우울하고 폭력적인 선율을
들으면 레오네의 영화가 떠오른다. 이것은 비단 나 혼자
만의 느낌일까? 쇼스타코비치의 음악이나 레오네의 영
화가 정신적으로 고립된 인간에게 힘이 되어주는 공통
점을 갖는 것이 아닐까? 레오네가 언제부터 쇼스타코
비치 음악에 관심을 가졌는지는 알 수 없다. 레오네는
1980년대 초 〈옛날 옛적 미국〉의 제작비 조달을 위해 미
국으로 가는 비행기를 타기 직전에 로마의 피우미치노
공항(레오나르도 다 빈치 공항) 서점에서 『900일 레닌그라드
포위전』(The 900 Days: The Siege of Leningrad, 1969)을 샀다.
2차 세계대전 발발 이후 레닌그라드에 있던 〈뉴욕타임
스〉 기자 헤리슨 솔즈베리(Harrison Salisbury, 1908~1993)
가 쓴 책이었다. 솔즈베리는 1966년 베트남전쟁을 보도

한 후 베트남전쟁에 반대한 최초의 주류 언론인 중 한 사람이었다. 1989년 천안문광장에서 벌어진 대학살을 보도한 그가 중국에 관해 쓴 저서들은 우리말로 번역되었으나 레닌그라드에 대한 책은 아직 우리말로 번역되어 있지 않다. 그가 쓴 1941~1943년 사이의 레닌그라드는 2019년에 번역되어 나온 『쇼스타코비치는 어떻게 내 정신을 바꾸었는가』(How Shostakovich Changed My Mind, 2019)에서 BBC의 고전음악 프로듀서이자 고전음악 칼럼니스트인 스티븐 존슨(Stephen Johnson, 1955~)이 다음과 같이 쓴 기록에서 다시 확인된다.

1941년과 1942년 사이의 겨울, 도시는 나치 병력에 포위되면서 식량 공급이 전면 차단되었다. 게다가 기온마저 영하 30도로 곤두박질쳤다. 민간인 사망자 수는 매달 10만 명에 다다랐다. 일부는 체온 저하로, 대개는 굶주림으로 사망했다. 가죽 장화와 책 제본용 아교로 쑨 수프를 얻기 위해 줄 선 사람들, 길가에(어차피 집도 똑같이 추웠으니) 모여 웅크린 채 급조한 수신 장치로 라디오 레닌그라드의 방송을 듣는 사람들을 담은 사진과 그림들이 박물관에 걸려 있었다. 한 생존자의 딸은 더는 프로그램을 제작할 기운도 없을 만큼 쇠약해진 방송국 직원들이 똑딱거리는 메트로놈 소리를 내보냈다는 일화를 들려줬다. "도시의 심장이 고동치는 소리였어요. 아직 살아 있었던 거예요."[*]

그 결과 민간인 사망자 수는 인구의 40퍼센트가 넘는 130만 명에 이르렀지만, 그곳 사람들은 죽음을 무릅쓰고 도시를 지켰다. 레오네는 당시 레닌그라드에서 쇼스타코비치가 소방대 헬멧과 안경을 쓰고 음악학교 옥상에서 매일 밤 화재를 진압하는 사진, 그리고 콘서트에서 음악을 듣고 있는 쇼스타코비치의 사진을 구했다. 쇼스타코비치는 전장에 나가고자 열망했으나 시력이 약해 거부당했고, 소방대 활동을 허락받았다. 뒤에 영화를 구상하면서 레오네는 두 장의 사진을 영화의 오프닝으로 쓰고자 했다.

레오네가 만들고자 한 〈레닌그라드〉는 쇼스타코비치의 〈교향곡 7번 레닌그라드〉 초연을 보여줄 참이었

---

[*] 스티브 존슨, 김재성 옮김, 『쇼스타코비치는 어떻게 내 정신을 바꾸었는가』, 풍월당, 2019, 16쪽.

다. 그 1악장 '침략'은 조용히 시작하다가 5분 뒤부터 격
렬하게 바뀌어 9분간이나 이어진다. 그것은 1941년 9월,
나치의 소비에트 침략 3개월 만에 작곡되었고, 나치 군
대가 레닌그라드에 들어온 1942년 8월 9일 초연되었다.
150명의 음악가가 4천5백 명의 관중 앞에서 연주했다.

　　이어 화면은 서서히 침략당한, 지옥 같은 레닌그라
드를 보여준다. 그리고 1천 대의 독일군 전차가 차례로
포탄을 발사한다. 히틀러는 열흘 뒤에 열릴 레닌그라드
교향악단의 바그너 콘서트 티켓을 손에 쥐고 있다. 그때
시체를 먹는 등 갖가지 끔찍한 일들이 벌어진다. 그리고
레오네는 다시 포위 공격이 끝난 뒤의 음악회를 보여준
다. 초연 때 온 사람들이 모두 초대되었으나 이제 연주
하는 음악가는 9명, 관중은 49명뿐이다.

<레닌그라드>

　　1970년대 소련에서 레오네의 인기는 대단했다. 거
대한 스타디움에서 상영된 〈석양에 돌아오다〉의 마지막
공동묘지 장면에서는 관객이 모두 일어나 박수갈채를

보냈다. 당시 냉전이 거센 시절이었기 때문에 레오네는
이를 기묘한 광경으로 느꼈다. 당시 소련에서 서부극은
미국의 노골적인 선전으로 받아들여졌기 때문이다. 그
러나 소련 당국은 서방 영화인에 의한 러시아에서의 영
화제작을 최초로 레오네에게 제의했다. 레오네는 즉시
〈레닌그라드〉를 제안했다. 1980년 러시아 당국은 레오
네에게 〈레즈〉(Reds) 감독을 제안했지만 레오네는 거부
했다. 〈레즈〉는 1917년 러시아혁명 당시 러시아에 있었
던 미국 기자 존 리드(John Reed, 1887~1920)가 쓴 『세계를
뒤흔든 열흘』(Ten Days That Shook the World, 1919)을 중심
으로 그의 생애를 다룬 영화로서 워렌 비티가 감독하고
주연을 맡았다. 그러나 레오네는 한사코 〈레닌그라드〉
제작을 고집했다. 레오네가 〈레즈〉 촬영을 거부한 것은
공산주의를 찬양할 생각이 없었기 때문으로 짐작된다.

　　1984년, 레오네는 자신의 차기 작품은 중국이나 소
련에서 촬영될 것이라고 발표했다. 그가 중국에서 찍고
자 한 것은 앙드레 말로(André Malraux, 1901~1976)의 『인
간의 조건』(La Condition Humaine, 1933)이었고, 소련에서
찍고자 한 것은 〈레닌그라드〉였다. 1927년 3월부터 4월
까지 중국 상하이에서 소위 국공합작 이후 공산군을

학살하는 장제스 국민군에게 맞선 공산군 사람들을 다룬 『인간의 조건』을 레오네는 매우 마음에 들어 했다. 중국 측보다 소련 측의 동의가 더 빨랐지만, 실제로 촬영에 들어가기까지는 시간이 더 많이 걸렸다. 그동안 레오네는 많은 글을 썼다. 존 포드와 함께 그가 찬양한 채플린을 다룬 글에서는 특히 〈모던타임스〉와 〈살인광 시대〉를 변호했다.

솔즈베리의 책과 쇼스타코비치의 음악, 그리고 두 장의 사진에 자극을 받아 레오네는 영화의 줄거리를 만들기 시작했다. 헤밍웨이의 『누구를 위하여 종은 울리나』(For Whom the Bell Tolls, 1940)를 연상하게 하는, 시니컬한 미국의 카메라맨과 어린 소비에트 소녀와의 사랑이 기둥 줄거리였다. 미국인은 애초 소련이 포위된 상황이나 그 원인 따위에는 관심이 없었으나 '사랑의 힘'에 의해 변모하여 도시를 방호하는 300만 명의 영웅적인 자기희생 정신에 눈을 뜨게 된다.

지옥에서 잃어버린 사랑. 이러한 연애의 정열을 실천하는 것을 허용하지 않는 공산당 멤버와의 러브 스토리다. 서방 인간과 함께 있는 것이 목격되면 그녀는 12년 형을 선고받을 수도 있다. 그러나 그녀는 각오한다. 두 사람의 운명적 사랑은 격렬하게 전개된다. 아이가 태어나고 도시가 해방될 바로 그때 카메라를 손에 쥔 채로 미국인은 살해된다. 그가 포위 공격의 마지막 순간을 카메라에 담았기 때문이다. 한 노동자의 죽음. 이는 어떤 영화보다도 더욱 비극적이다. 지금까지 한 적이 없는 방식으로 도전하는 것이다. 그가 어떻게 해서 죽었는지를 그리지는 않는다. 관객은 그가 죽은 것을 그가 사랑한 소녀를 통해 알 뿐이다. 소녀는 영화관에서 뉴스를 본다. 그녀는 스크린의 전투장면을 보고 그가 그 영상을 찍었음을 알게 된다. 그녀는 핸드헬드 카메라로 전투를 보여주는 그 수법이 그의 것임을 알아차린다(독일인이 도망치고 러시아인이 추격한다. 수류탄이 사방으로 던져지고 카메라 앞에서 폭발한다). 그녀는 자리에 앉아 카메라의 시점이 변하는 것을 본다. 그리고 그녀는 그가 죽었음을 확신한다(그녀는 두 사람 사이에서 태어난 갓난아기를 안고 있다).

그러나 영화는 끝내 촬영되지 못했다. 1984년에 심

장병으로 쓰러진 뒤로 레오네는 1988년 무렵에도 여전히 무기력하게 지내고 있었다. 죽음을 예상한 그는 이식 수술을 거부했다.

죽음

1989년 4월 30일, 레오네는 심장마비로 죽었다. 심장이 약한 것은 유전이었다. 그의 아버지는 심장이 약한 탓에 1915년 이탈리아 육군에 가지 않았다. 그런 아버지는 80세까지 살았지만, 레오네는 60세로 죽었다. 산 파울로 포리 레 무라 대성당에서 열린 그의 장례에 페데리코 펠리니, 베르나르도 베르톨루치, 미켈란젤로 안토니오니, 엔니오 모리코네 등이 참석했다. 프란시스 포드 코폴라는 베르톨루치와 타비아니 옆에 앉았다. 모리코네는 성당 안에 관이 들어오자 오르간으로 〈옛날 옛적 서부〉의 메인테마를 천천히 연주해 박수를 받았다. 펠리니가 일어나 "그는 유쾌한 일을 하면서 자신을 행복하게 할 줄 알았던 동료였다. 존재감이 엄청났고, 한 성질 톡톡히 했으며, 영화에 대한 애정이 각별했던 사람이었다"고 말했다. 애도의 조전(弔電)을 보낸 클린트 이스트우드는 3년 뒤 〈용서받지 못한 자〉를 레오네와 돈 미겔에게 바쳤다. 로버트 드 니로도 조전을 보냈다.

한국에서 태어나 자랐고 죽을 때까지 한국에서 산 이탈리아 영화감독이 평생 이탈리아를 배경으로 한 영화를 만들지 않고 서부극만을 찍었다면 우리는 어떻게 생각할까? 레오네가 바로 그런 사람이었다. 그가 미국, 특히 서부를 좋아하고 이탈리아 배경의 영화를 이탈리아에서 찍지 않은 이유는 무엇일까? 이 같은 질문에 대해 그는 "서부극은 세계 모든 곳에서 보는 대중영화이고 현대에 속하지만, 이탈리아에 대한 영화는 오로지 이탈리아에 대한 것일 수밖에 없다"고 대답했다. 따라서 그가 창조한 인물 역시 부르주아 로마인이 아닌 다양한 인종으로서 그들은 성인을 위한 동화의 주인공들로 나왔다.

서로 다른, 특히 반대되는 경향의 공존과 혼성화는 레오네 영화의 가장 독특한 측면 중 하나다. 이러한 태도를 통해 그는 중요한 사고의 틀 및 철학적 전통과 의사소통을 할 수 있었지만, 자신의 역사적, 사회적, 정치적 맥락을 절대로 저버리지 않았다. 레오네의 영화와 그람시(Antonio Gramsci, 1891~1937)의 생각은 서로 통한다. 가령 그람시의 핵심주제 중 하나인 남부문제[*]는 〈황야의 무법자〉에 나오는 산 미구엘(San Miguel) 마을을 비롯하여 레오네가 묘사한 모든 척박한 환경에 대한 묘사를 연상시킨다. 또한 그곳 사람들의 운명주의는 미국의 생활방식이라기보다 지중해 문화에 더 가깝다. 하지만 레오네가 그람시의 남부문제와 가장 분명하게 연관되었다고 보는 까닭은 〈석양의 무법자〉에 나오는 투코, 〈석양의 갱들〉에 나오는 후안 같은 프롤레타리아 인물을 적극적으로 묘사한 데서 찾아볼 수 있다. 프란츠 파농(Frantz Fanon, 1925~1961)이 "대지에 뿌리 뽑힌 자"라고 부르고 그람시가 "새로운 농노"라고 부른 그들은 자신을 공동체의 일원으로 생각하거나 경제적, 정치적 변화를 목표로 하는 체계적이고 영구적인 행동을 수행할 수 없다. 즉, 그들은 항상 법의 지배권 밖에서 살면서 법적 성격도, 도덕적 성격도 없이, 일반적인 행동 목표를 설정

---

[*]　그람시가 마르크스주의를 극복하는 데 단초를 제공한 것으로, 북부 이탈리아가 앞장서 통일(1861년)을 이룬 뒤 농업 중심의 남부 이탈리아가 북부에 종속되어 가는 데 반발하여 일어난 남부주의 운동에서 영향을 받았다.

하거나 인내와 체계적인 싸움을 추구하지 못하고 살 수밖에 없었던, 즉 그람시가 말한 남부 이탈리아 농민을 완벽하게 구현한다. 그러므로 체제에 대한 그들의 저항은 원초적 테러로 이어질 수밖에 없다.

레오네의 작품은 비스콘티, 베르톨루치, 파졸리니, 타비아니 형제 등의 작품과 같이 현저하게 정치적인 작품들과도 일맥상통한다. 레오네의 모든 영화는 1960년대 후반에 전 세계로 확산된 정치적 사회적 불확실성으로 인해 특히 관련되었던 주제인 폭력의 정당성에 도전했다. 베트남전쟁과 학생시위로 인한 정치적 긴장이 고조되는 가운데 〈황야의 무법자〉가 나왔다. 그것은 당시의 공포와 비탄에 잠긴 사람들의 취향을 표현하는 냉소적이고 허무주의적인 세계관(당시의 사회·정치제도를 거부한 결과)을 제시했다. 모든 면에서 반(反)영웅인 이름 없는 레오네의 남자는 체제에 대항하는 그의 전복 무기인 아나키즘의 매개체가 되는 순간에 강력한 정치적 아이콘의 지위를 되찾는다. 그는 1968년 전후에 유럽과 서부극을 폭풍으로 몰아넣은 문화적, 정치적 봉기의 바로 그 모델인 독립적인 운동가의 마지막 인물이다.

따라서 우리는 일반적으로 레오네의 영화 및 그 주

인공과 관련되어 아나키스트의 출현을 볼 수 있다. 그는 아나키스트의 매력을 반복해서 말했다.

많은 이탈리아인처럼 전쟁이 끝났을 때 나는 꿈과 환상을 품었습니다. 나는 혁명을 믿었습니다. …무엇보다도 아버지는 파시즘 아래서 싸웠습니다. … 나는 사회주의자 가정에서 자랐습니다. …내가 아나키스트가 될 정도로 실망한 사회주의자라고 합시다. 하지만 저는 양심이 있기 때문에 폭탄을 설치하지 않는 온건한 아나키스트일 뿐입니다. …내 영화에서 아나키스트들은 진정성 있는 인물들입니다.

하지만 이 패러다임이 〈석양의 갱들〉의 캐릭터를 통해 화면에 가장 분명하게 표현되는 바로 그 순간 레오네는 고정 관념에서 거리를 두어 시청자를 놀라게 한다. 즉 아일랜드 혁명가 션이 바쿠닌의 『애국심』을 진흙 속에 던지는 것이다. 이는 진정한 아나키즘은 이론이나 이념적 상부 구조에 의해 오염되어서는 안 된다는 뜻이다.

따라서 레오네의 영웅은 바쿠닌적인 아나키스트 모델보다는 미국의 소로에서 시작되는 리버테리언적 아나키스트에 훨씬 더 가까운 것 같다. 사회적 또는 정치적인 집단적 당파에 대한 개별적인 반항, 따라서 이데올로기적 지원 없이도 자신의 뿌리 깊은 자유의식과 개인주의를 살아갈 수 있는 능력을 갖춘 아나키스트 말이다. 레오네 영화의 주인공은 사회에서 추방된 인간의 전형적인 자본주의적 상태를 자신으로부터 사회를 추방하는 비자본주의적인 인간으로 반전시킨다. 그 비자본주의적인 인간이 레오네의 무명자, 무산자, 무언자, 무숙자, 무신자, 무법자이다.

세르조 레오네 연보

1929년	1월 3일 로마에서 빈첸조 레오네(Vincenzo Leone)와 바이스 발레리안(Bice Valerian)의 아들로 로마에서 출생
1948년	비토리오 데 시카(Vittorio De Sica) 감독의 조수로 일하며 〈자전거도둑〉에 출연
1951년	〈쿼바디스〉 조감독
1959년	〈벤허〉 조감독
1960년	〈폼페이 최후의 날〉 조감독
1960년	칼라 레오네와 결혼
1961년	〈로도스의 거상〉 감독
1964년	〈황야의 무법자〉 감독
1965년	〈석양의 무법자〉 감독
1966년	〈석양에 돌아오다〉 감독
1968년	〈옛날 옛적 서부〉 감독
1971년	〈석양의 갱들〉 감독
1972년	다비드 디 도나텔로 상 수상
1984년	〈옛날 옛적 미국〉 감독, 이 영화로 영국 영화 및 텔레비전 예술 아카데미 최우수 감독상 및 골든 글로브상 감독상 수상
1989년	4월 30일 로마에서 사망

미국을 까발린 영화감독

세르조 레오네

초판 1쇄   2021년 12월 3일
지은이   박홍규
책임편집   이푸른
일러스트   박홍규
디자인   glasscaiman

펴낸이   이은권
펴낸곳   틈새의시간
출판등록   2020년 4월 9일 제406-2020-000037호
주소   경기도 파주시 하늘소로16, 105-204
전화   031-939-8552
이메일   gaptimebooks@gmail.com

ISBN   979-11-970325-3-0 [03680]

* 책값은 뒤표지에 있습니다. 잘못 만들어진 책은 구입하신 서점에
  서 교환해드립니다.
* 이 책 내용의 일부 또는 전부를 재사용하려면 반드시 저작자와
  틈새의시간 양측의 서면 동의를 받아야 합니다.